编 委 会

编委会主任：朱　晓　邵新宇

编委会成员（按姓氏笔画排序）：

王红梅　田卫卫　叶　茂　朱广志　汤　阳

李政言　朱　耘　刘善琨　李　婷　刘　彬

张兆伟　张金伟　秦应雄　高　明　徐晓琦

唐霞辉　黄　禹　蒋　平　董　静

感　谢：武汉华工激光工程有限责任公司、武汉楚天激光（集团）股份有限公司、武汉锐科光纤激光技术股份有限公司、武汉帝尔激光科技股份有限公司、武汉团结激光股份有限公司、国家数字化设计与制造创新中心、中国科学院武汉文献情报中心、园宝科技（武汉）有限公司、武汉金运激光股份有限公司、武汉新特光电技术有限公司、武汉华俄激光工程有限公司、武汉天琪激光设备制造有限公司、武汉华日精密激光股份有限公司、武汉逸飞激光股份有限公司及武汉·中国光谷激光行业协会等众多会员企业对湖北激光50周年系列纪念活动的大力支持！

湖北激光行业报告

湖北激光 50 周年纪念

武汉·中国光谷激光行业协会
湖北省激光学会　　　　　　　编著
武汉激光学会
华中科技大学激光加工国家工程研究中心

华中科技大学出版社
http://www.hustp.com
中国·武汉

图书在版编目(CIP)数据

湖北激光行业报告/武汉·中国光谷激光行业协会等编著.—武汉:华中科技大学出版社,2021.11
 ISBN 978-7-5680-7699-9

Ⅰ.①湖… Ⅱ.①武… Ⅲ.①激光产业-产业发展-研究报告-湖北 Ⅳ.①F426.63

中国版本图书馆 CIP 数据核字(2021)第 229714 号

湖北激光行业报告
Hubei Jiguang Hangye Baogao

武汉·中国光谷激光行业协会
湖北省激光学会　　　　　　　　编著
武汉激光学会
华中科技大学激光加工国家工程研究中心

策划编辑:	王红梅　徐晓琦
责任编辑:	王红梅　徐晓琦
装帧设计:	原色设计
责任监印:	周治超
出版发行:	华中科技大学出版社(中国·武汉)　电话:(027)81321913
	武汉市东湖新技术开发区华工科技园　邮编:430223
录　　排:	武汉市洪山区佳年华文印部
印　　刷:	湖北新华印务有限公司
开　　本:	787mm×1092mm　1/16
印　　张:	18
字　　数:	250 千字
版　　次:	2021 年 11 月第 1 版第 1 次印刷
定　　价:	298.00 元

本书若有印装质量问题,请向出版社营销中心调换
全国免费服务热线:400-6679-118　竭诚为您服务
版权所有　侵权必究

前　言

2020年，导师李再光教授去世了。

一进入2021年，我脑海里就总是浮现"1971"这个年份数字，冥冥之中总有一个声音在提示我：湖北、武汉激光事业已经50年了！这使我感到一种历史的责任，在我们这一代激光人身上，迎来了湖北激光50周年，我们有责任回顾历史，将历史记录下来，凝练出湖北激光精神，并传承下去，使"激光事业成为不落的太阳"。

在这种无形力量驱使下，我静思回忆从1971年开始的一幕幕激光故事，最后都凝练到一个字——"创"。对着"创"字，我开始"发呆"，体会着它的深刻含义。看着"创"字，脑海中展现的是战士拿着刀枪去拼搏、去战斗，粮仓中才有胜利果实的场景；这也使我明白了为什么"创"字的左边是个"仓"、右边是个"利刀"。中国文化的博大精深，不得不让人"拜跪"！回顾湖北激光50年的书魂由此得到，书名定为《湖北激光行业报告》。

书名有了，书怎么写呢？行业的事，当然是大家写。撰写《湖北激光行业报告》一书的目的，是记录50年来在湖北激光行业发生的重大事件和感人故事，通过这些事件和故事，大家可以看到中国激光产业的今天、明天，靠的是湖北激光的昨天和今天。世界激光好,中国激光好,湖北激光好;湖北激光好,中国激光和世界激光会更好!依此目的,按"一代人完成一代人的历史任务"为线索,全书分为四部分:第一部分为历史回顾,回顾湖北激光的起源、国内学术地位的确立和激光产业兴起;第二部分为湖北激光技术和产业的现状;第三部分为未来技术的发展;第四部分为对湖北激光产业发展的建议。

历史回顾(1971年—2006年)讲述华中工学院(1988年更名为华中理工大学,2000年更名为华中科技大学)老校长朱九思先生那年到国家教委开会,听说了"激光"这个新名词,由于不懂,先生回学校后就请教相关教授,发现教授们也不懂,为搞懂"激光"这个名词,朱九思校长决定成立"激光教研组",这就是武汉激光的由来。在搞懂名词后,华中工学院成立了以李再光为首的激光教研组,并确定了研究方向——面向工业应用的激光器研发!很快,激光焊接、激光热处理等一批研究成果在20世纪80年代就进入工业应用,使武汉激光的"细胞"中就注入了工业的"基因"。在第一代激光创始人的拼搏下,华中工学院获得了科技部"激光技术国家重点实验室"、国家发改委"激光加工国家工程研究中心"等国家级研发平台,成为科技部"六五""七五""八五"等多个五年计划中激光领域的牵头单位。系列激光研发成果,为后续"创业"奠定了坚实的基础。

湖北激光产业的兴起,以1985年成立武汉楚天光电子公司(楚天激光公司的前身)开始,楚天激光公司第一任董事长为李再光教授,该公司是全国第一家批量生产激光工业设备的企业。随后,1996年成立武汉团结激光公司,1997年成立武汉华工激光公司。这3家激光企业是20世纪中国激光产业的龙头企业。2000年华工科技上市,成为中国第一家以工业激光器和激光加工设备为主业的上市公司。在此阶段,工业激光器以高功率CO_2激光器和灯泵浦固体激光器为主,此两种激光器支撑了中国激光产业的诞生,也催生了武汉上百家激光企业,使武汉成为全国激光企业数量最多、年销售额最高的城市,这些企业也都与华中科技大学有着"血缘"关系。由于高功率 CO_2 激光器和灯泵浦固体激光器在工业应用中的各种复杂性,武汉数百家激光企业一直在攻克激光器和工业应用的工程化难题,同时也在不断地向用户推广激光加工的科普知识,一点一点地努力进取,艰难地开拓市场,但整个行业的总产值并不尽如人所愿。提升技术、发生改变,在 2006 年变得极为迫切。

产业现状(2006 年—2021 年)讲述朱晓将武汉激光产、学、研资源集于一身,当选并就任武汉·中国光谷激光行业协会会长、湖北省暨武汉激光学会理事长、华中科技大学激光加工国家工程研究中心主任为开始,在朱晓的倡导下,武汉激光行业进行有组织的创新。2007 年,朱晓提出"武汉激光产业到了井喷式爆发的前夜"的口号,组织以华工科技为牵头单位的众多武汉地区激光行业企业申报并获得了科技部重大支撑计划项目"新一代工业激光器及其装备研发与应用示范",政府给予了 9000 万元的支持,开启了高功率光纤激光器、轴快流 CO_2 激光器、板条 CO_2 激光器的工业化进程,典型代表为武汉锐科激光公司于 2019 年上市。2012 年,朱晓认为激光将是继计算机、互联网之后代表人类进化的工具,提出"从'猴子'到激光"的口号,组织申报并获得了国家发改委"光电器件与激光产业集聚发展试点专项",并获得 3 亿元的资金支持,该项目使得武汉众多中小激光企业有了自己的土地、自己的厂房,从"游击队"变为了"正规军",具备了规模产业化的能力。2017 年,朱晓提出"激光到了应用的时代"的口号,众多激光企业不断开拓新的激光应用,典型代表有武汉金运激光开拓了激光在纺织行业的应用、2011 年成为上市公司,帝尔激光开拓了激光在太阳能行业的应用、2019 年成为上市公司,华工激光开拓了激光在手机行业的应用、成为苹果公司的供应商,等等。众多的应用成果和系列的新激光装备,使得武汉激光行业在科技部"增材制造和激光制造"重大研发计划中，占有一席之地。目前，新一代的工业激光器——光纤激光器、超快激光器在武汉已实现产业化，应用也在不断拓展，一个新的激光精密制造时代已经到来，可以说"未来已来"。

未来技术及激光产业发展，以此次湖北激光 50 周年纪念活动为开始，现在武汉激光行业一批新人已蓄势待发。一批 80 后学术带头人提出了 10 年奋斗目标——极紫外工业激光光源，一批国内外年轻博士已成为华工激光、锐科激光、帝尔激光、华日激光等企业的中坚力量，留学回国年轻博士自己创业的典型代表"安杨激光公司"，已成为行业翘楚。继 2020 年湖北省激光学会、武汉激光学会换届之后，武汉·中国光谷激光行业协会也将在 2021 年换届，新的会长和两个学会新领导班子将同湖北激光行业年轻的博士们一起创造更加美好的未来。

全体湖北激光同仁们，我们希望《湖北激光行业报告》能"抛砖引玉"，借湖北激光 50 周年纪念活动，倡议大家总结自己的发展史，出版个人的自传，我相信湖北激光行业是有历史的行业，从历史中升华出的精神，就是我们的文化。湖北激光行业是有文化的行业，这种文化将千古流芳。

武汉·中国光谷激光行业协会 会长

湖北省激光学会 名誉理事长

武汉激光学会 名誉理事长

华中科技大学激光加工国家工程研究中心 主任

朱　晓

2021 年 10 月 1 日

目　录

第一部分　湖北激光行业历史　/1

湖北激光的始源　/2

湖北激光产业的形成　/16

湖北激光产业的特点　/37

第二部分　湖北激光产业现状　/49

湖北激光产业链构成　/50

湖北激光产业科技创新平台建设优势　/62

湖北激光产业技术现状　/65

湖北激光产业链上市公司　/101

湖北激光产业核心创新平台——激光加工国家工程研究中心　/129

第三部分　湖北激光行业的技术发展　/137

激光产业链产品国际对标　/138

湖北激光技术与产品的发展目标　/219

第四部分　湖北激光行业发展建议　/231

　　湖北激光行业服务链建设　/234

　　湖北激光行业产业链建设　/250

　　用新一轮世界光谷发展布局带动激光应用链建设　/258

　　湖北激光产业创新发展的路径探析　/265

附录一　国家计划委员会关于激光加工国家工程研究中心可行性研究报告的批复(1995年7月)　/271

附录二　国家发展计划委员会关于对计算机软件等82个国家工程研究中心授牌的决定(2001年9月)　/273

第一部分
湖北激光行业历史

湖北激光的始源

我国激光技术研究与国外同时起步,激光技术领域也是当时我国与国外技术差距最小的高科技领域。1960年,世界第一台激光器在美国问世,其后半年左右,我国第一台红宝石激光器就已研制成功,而位于湖北省的华中工学院(1988年更名为华中理工大学,2000年更名为华中科技大学)正是国内最早从事激光技术研究工作的单位之一。

1971年底,第四机械工业部提出要在高等院校设置两个专业:雷达专业和激光专业。因为激光专业在理论和实践上都更面向现代化,在应用上更适合军民两用,华中工学院选择了设置激光专业,并创立光学仪器教研室和激光科研组。华中工学院率先创建了新中国成立以来高等学校的第一个激光专业,直接推动了我国激光人才高地的形成,产出了一系列开创性成果,从此开启了湖北激光50年的特色发展之路。

(一)湖北激光起源

20世纪70年代初,在朱九思先生(1916—2015)(见图1-1)——华中工学院党委书记、院长,我国著名教育家——前瞻性的判断下,华中工学院在全国率先创办了激光专业。激光专业最开始没有实验室,只有11个人,也没什么专业基础,成立后大家首先学习什么是激光。当时朱九思先生坚持的"广积人"政策给激光发展提供了有力支撑。通过在全国各高校搜寻物理学、光学、电子学的人才,最终从哈尔滨工业大学、北京大学、中国科学技术大学等校引进了不少人,使得激光专业有了接近30个人的队伍,如图1-2所示。同时学校也从本校电力系、无线电系等单位抽调相关教师,进一步充实科研实力,还获得了"激光在集成电路制造工艺中的应用"课题。再加上实验室的建立,理论与实践一并发力,1978 年就有了一些成果。逐渐地,激光专业也有了激光焊接、激光气相沉积、激光布线(现光学互联)、激光打孔、激光器件等研究方向。

图 1-1　朱九思先生

在条件相当简陋和技术相当缺乏的情况下,朱九思老校长带领老一代学术带头人,本着对党的事业的忠诚,刻苦探寻、攻克激光科学与技术研究领域的难题,取得了一个又一个可喜的成果。有了这些成绩和基础,在接下来的数十年间,华中科技大学几代激光科技工作者前赴后继,完成了一大批具有显示度的重要科技成果,通过激光科技成果和技术催生了国内一批生产激光设备和加工设备的高新技术企业,多个激光国家级研究平台已成为学校及地方综合实力的重要组成部分和对外宣传、展示的重要窗口。

1972 年 7 月 7 日,华中工学院分别向中国科学院和第四机械工业部提交了"华中工学院激光专业建设基本情况的汇报",并于 1973 年开始招收第一届光学仪器专业学生。1974 年,激光专业和红外专业也相继开始招生。

2002 年上半年,在武汉华工激光工程有限责任公司(简称华工激光)成立五周年之际,华工激光邀请朱九思先生题词。86 岁高龄的九思先生没有马上提笔,而是给前去汇报的华工激光的同志提供积极建议,例如他认为"一纵二横三打标"的格局很分散,不利于激光发展。他讲了很多的激光发展情况和过去所得的成果,讲了大约一个小时,最后提笔写道:"大力发展激光产业,促进科技成果转化。"

朱九思先生用他的"革命之志""新闻之眼""教育之情",为当时规模尚

图 1-2　华中工学院光学仪器教研室和激光科研组师生
　　　　——硅元件专业学员结业留念
（1971 年 12 月）

小的工学院发展成今天的高水平研究型大学做出奠基性贡献,被称为"华工之父",先生"大学之本在教师、大学之路在综合、大学之源在科研、大学之魂在学术自由"的办学理念,至今深深影响着后继者,使华中科技大学被誉为"新中国高等教育发展的缩影"。

（二）确立国内学术地位

1. 获批激光技术国家重点实验室

1978 年,华中工学院组织了对美国麻省理工学院的调研。当时,全校教师都在讨论学校的改革。李再光教授（1928—2020）通过调查,发现国内研发的高功率二氧化碳激光器（以下称 CO_2 激光器）与美国的相比,有很大的差距。他跟朱九思校长谈了研制高功率 CO_2 激光器的想法。

1979 年,为适应光学与光电子学科发展,朱九思校长的改革魄力很大,从华中工学院电力系、无线电系等单位抽调相关教师成立光学仪器教研室、激光教研室、红外教研室,并很快将分散的激光技术、红外技术和光学仪器三个专业集中起来,正式组建了光学工程系,成立激光研究所,并指定李再光担任系主任、所长。李再光教授亲自负责 CO_2 激光器课题组,系里教学和行政由两位副主任去管,他集中精力研究 CO_2 激光器。从 20 世纪 80 年代开始,李再光教授主持领导的课题组在国内率先研制成功 2 kW、5 kW 和 10 kW 横流 CO_2 激光器。

这一时期,老校长朱九思同志利用"广积人"政策给激光专业发展提供了源源不断的人才支撑,并亲自推动激光方向的科研工作。学校专门从美国请来知名激光学者坎特罗威茨博士指导激光研究工作,组织会议、安排有关教师会见并听取坎特罗威茨博士对激光研究的建议和意见(见图 1-3、图 1-4),直到出光。1980 年初,大功率 1.2 kW CO_2 激光器研制成功,这也是国内第一台高功率的激光器。1981 年,华中工学院又研制成功国内第一台 2 kW 高功率横流 CO_2 激光器。从此华中工学院的激光技术在全国处于领先地位。

图 1-3 华中工学院院长朱九思先生会见
知名激光学者坎特罗威茨博士
(1981 年 1 月)

1981 年,激光技术专业建立十周年,如图 1-5 所示。经湖北省科学技术协会、武汉市科学技术协会批准,湖北省既武汉激光学会成立。学会的成立

图 1-4　坎特罗威茨博士在实验室

（1981 年 1 月）

图 1-5　华中工学院激光专业成立十周年

（1981 年 12 月）

为广大激光科技工作者搭建了交流及合作的平台,同时也为湖北省、武汉市有关部门制定科技发展政策提供了支撑。

进入 20 世纪 80 年代,华中工学院的激光技术专业建设及科研攻关取得丰硕成果。1982 年,学校获得光学（理科）专业硕士点授权,并于同年开始招收硕士生;1986 年获得"物理电子学与光电子学"博士点授权,从而在高水平激光人才的培养上形成完整体系。

1981 年,李再光教授（见图 1-6）创办了湖北省暨武汉激光学会,并担任学会第一届、第二届理事长。同年,他带领团队成功研制出高功率 CO_2 激光器。1985年,他推动创办中国第一家民营激光公司——楚天光电子公司,这就是楚天激光的前身。

图 1-6　李再光教授

1986年4月,国家计划委员会(以下简称国家计委)批准学校建立激光技术国家重点实验室。实验室紧紧把握高功率激光及激光与物质相互作用的研究方向,在激光基础理论研究、单元技术创新等方面取得显著成绩,并于1989年9月通过国家计委验收。华中工学院在1984年成功研制国内第一台 5 kW CO_2 激光器后,又于1988年成功研制了国内第一台万瓦横流 CO_2 激光器,该代表性成果标志着我国万瓦级 CO_2 激光器进入世界先进行列。

李再光教授是我国激光技术领域杰出的科学家和教育家(见图 1-7),高功率气体激光器的开拓者和奠基人,对武汉激光研究和产业发展做出了卓越贡献。

2003年11月,激光技术国家重点实验室进入武汉光电国家实验室(筹),2017年,武汉光电国家实验室(筹)被科技部正式批准为武汉光电国家研究中心(见图 1-8、图 1-9、图 1-10)。

图 1-7　诺贝尔奖获得者、俄罗斯 photoGuozhenrun 院士会见李再光教授一行
（1983 年 6 月）

图 1-8　激光技术国家重点实验室第二次评估会
（1993 年 3 月）

图 1-9 激光技术国家重点实验室第二次建设验收会
(1993 年 5 月)

图 1-10 激光技术国家重点实验室学术会议
(1994 年 5 月)

2. 获批激光加工国家工程研究中心

华中科技大学激光技术国家重点实验室的研究方向，一开始就是瞄准激光工业应用。20世纪90年代，华中理工大学陆续研制出国内第一条内燃机缸套激光热处理生产线（用于西安内燃机配件厂，李家熔）、国内第一条吉普车缸体激光热处理生产线（用于北京内燃机总厂，李家熔）、国内第一台显像管电子枪专用激光焊接机（用于西安显像管厂，黄维玲）、国内第一台生产线用大型轧辊激光刻花加工装备（用于武汉钢铁集团公司、重庆钢铁集团公司、济南钢铁、唐山钢铁集团公司、昆明钢铁集团公司等大型钢铁企业，李适民），以及国内第一台激光打标、刻章机（何云贵）。1996年，以面向汽车、机械电子、冶金、石油化工等产业急需的激光切割和焊接关键、共性技术进行工程化开发和系统集成，并向生产企业和用户提供成套技术和产品，促进该领域的成果向生产转化为任务和目标，国家计委批准华中理工大学成立激光加工国家工程研究中心（见图1-11、图1-12、图1-13、图1-14）。依托国家工程研究中心，一大批科研成果具备了转化为现实生产力的内外部条件，极大助推了湖北激光产业发展驶上快车道。

图 1-11　激光工程研究中心成立大会
(1991年12月)

图1-12 中共中央政治局委员、国务委员李铁映参观华中理工大学激光技术研究成果
(1990年11月)

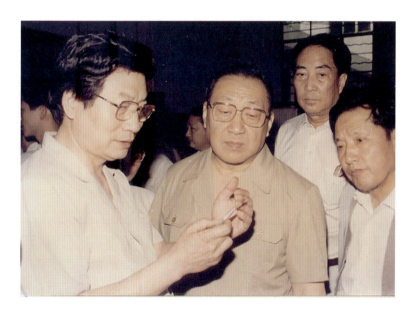

图1-13 中共中央政治局常委李岚清视察
(1994年5月)

图 1-14 国家教委主任朱开轩视察激光实验室
(1995 年 10 月)

激光加工国家工程研究中心历任领导班子

第一任(1994 年 4 月—1998 年 4 月)

  主　任：李适民

  副主任：韩晏生、陆冬生、刘善琨

  总工程师：丘军林

  副总工程师：李家熔、何云贵

第二任(1998 年 4 月—2005 年 12 月)

  主　任：李适民

  常务副主任：李正佳

  副主任：马新强、黄维玲、陆冬生、刘善琨、许振鄂

第三任(2006年3月至今)

　　主　任:朱　晓

　　副主任:唐霞辉、马新强、邓家科、王建刚

　　　　　刘善琨(曾任)、王　中(曾任)、阮海洪(曾任)、王又青(曾任)

　　技术委员会主任:闫大鹏

3. 成立激光技术与工程研究院并开辟激光医疗学术方向

　　1994年,随着激光方向获得两个国家级科研平台,华中理工大学决定将激光专业方向从光学工程系的激光、红外、光学仪器三个专业方向中独立出来,成立激光技术与工程研究院,专门进行科学研究和高端激光人才培养。激光技术与工程研究院的成立为湖北激光应用技术的研发和人才培养奠定了基础。

图 1-15　李正佳教授

　　激光技术与工程研究院成立后,除研究激光工业应用技术与装备外,还开拓了激光医疗应用技术与装备,从此激光医学在华中理工大学起步,李正佳教授(见图1-15)起到了至关重要的作用。

　　当时,朱德培副校长因胃病住院,一个内科教授告诉他医院正在做用激光技术给胃部开刀的课题,但一直没有成功。朱德培副校长一听,就联系了学校里的激光专业关注这个方向。

　　李正佳教授早先对激光医学已有了解,得到这个任务后在医院埋头做了一个暑假的实验,以证明激光开刀的优点。同济医院的一位医生告诉李正佳教授"梦寐以求的就是无血手术。"激光手术刀,这把最快最准的刀就能实现这个梦想。

　　李正佳找到学校里研究光纤的专家,请他帮忙为激光手术刀把光纤拉细，让直线传播的激光变得有柔性、可以拐弯，这样医生在使用激光手术刀的时候便能游刃有余。1979年，李正佳主持研制的Nd:YAG激光光纤手术器获得了成功，并率先在武汉同济医院和武汉市三医院投入临床实验。李正佳与他的团队发现，激光确实可以在生物医学上应用，便顺着这条路，一走就是几十年。

李正佳教授不仅是科研成果丰硕的理论研究专家，同时也是创新意识强烈的产业实践者。1990年，他创办华中理工大学激光设备厂，把科研成果转化为产品，并任激光设备厂董事长；1999年—2002年期间，任华工科技产业股份有限公司（上市公司）董事长。李正佳教授一直致力于LED光子治疗仪的医学研究与产品转化，成功开拓了中国家用LED医学应用的新时代，荣获国家火炬计划项目，获得系列发明专利和实用新型专利，产品获得欧盟CE认证。李正佳教授作为学术带头人，极大地促进了LED光子医疗设备在湖北省乃至全国形成产业，取得了巨大的社会效益和经济效益。

李正佳教授是华中科技大学教授，博士生导师，我国激光医疗产业的创始人之一，也是中国激光医学的领跑者。从20世纪70年代初开始从事激光技术的研究，参编和主编有《激光与红外手册》《激光器原理与设计》《现代光学手册》和《激光生物医学工程基础》等教材。李正佳教授是享受国务院特殊津贴的专家，被评为湖北省有突出贡献中青年专家，并被国家三部一委授予"八五"科技攻关先进个人荣誉称号。

激光技术与工程研究院历届领导

第一届(1994年—1997年)
  名誉院长：李再光
  院　　长：李适民
  常务副院长：韩宴生
  副 院 长：陆冬生，丘军林，刘善琨

第二届(1997 年—1998 年)

中国共产党激光技术与工程研究院总支委员会(以下简称党总支)

党总支书记:韩德湘

党总支副书记:王汉生

第三届(1998 年—2000 年)

党总支书记:韩德湘

院　　长:李正佳

副院长:陈清明,陈培锋,刘善琨

党总支副书记:王汉生

第四届(2000 年—2007 年)

党总支书记:韩德湘

院　　长:李正佳

副院长:程祖海,刘善琨,马新强,刘劲松

党总支副书记:王汉生

第五届(2007 年—至今)

党总支书记:朱　晓

院　　长:李正佳

副院长:程祖海,刘善琨,刘劲松,马新强

党总支副书记:王汉生

随着华中理工大学光电学科的不断壮大,1999 年学校决定将激光技术与工程研究院中的激光加工国家工程研究中心转制为"华工激光",组织"华工激光""华工图像"和"高理公司"组建"华工科技",将华工科技上市。2007 年,鉴于激光技术与工程研究院中的激光技术国家重点实验室成功申报武汉光电国家实验室（筹），激光技术与工程研究院与光学工程系合并，成立光电子科学与工程学院，激光技术与工程研究院完成历史使命。2012年，光电子科学与工程学院与电子科学与技术系合并，成为现在的光学与电子信息学院，进入了新的发展篇章。

湖北激光产业的形成

20世纪80年代初，在湖北省政府、武汉市政府和华中工学院激光研究所的支持、鼓励和帮助下，湖北省武汉市出现了最初的激光产业热，相继成立了数家以高科技激光产品为主的企业。

经过50年的发展，湖北省的激光技术和产业化已经由量变进入质变，激光企业数量由少变多，产品由低端向高端转化，企业研发力量由弱到强，市场开发由无序竞争到形成区域核心产业链。激光这个高科技名词已经由曾经的"阳春白雪"变为了真正的社会生产力。

湖北的教育优势明显，光机电多学科交叉互联，培养了一大批国内激光加工专业人才，正是这些人才带领湖北激光产业快速发展。他们或创立公司，成为行业领导者；或作为技术骨干，带领企业技术革新。其中武汉华工激光工程有限责任公司（以下简称华工激光），以及武汉楚天激光（集团）股份有限公司（以下简称楚天激光）的发展历程最具代表性、引领性。这两家企业见证了中国激光产业从无到有的全过程，是湖北激光、武汉光谷从启动到兴盛的缩影。

（一）中国第一家以激光为主业的上市公司——华工科技

作为国内知名高科技上市公司华工科技的核心子公司，华工激光是国家重点高新技术企业、国际标准制定参与单位、国家标准制定牵头组织和承担单位。公司拥有国家级企业技术中心、激光先进制造技术省级重点实验室，同时依托激光加工国家工程研究中心、激光技术国家重点实验室、激光工艺加工展示中心三大才智平台，承担激光行业重点项目和重大科技攻关项目。作为中国激光技术和行业的发源地，中国激光工业化应用的引领者，华工激光始终以"为制造的更高荣耀"为宗旨，引领中国"智造"澎湃向前。

1971年，华中工学院设立激光课题组，开启了中国激光技术研发的序幕。1989年和1995年，两大国家级科研机构——激光技术国家重点实验室和激光加工国家工程研究中心先后落户华工，奠定了华工的激光在中国激光界的技术引领地位。1997年，激光加工国家工程研究中心整体改制为武汉华工激光工程有限责任公司，开启了市场化运作之路。2000年，华工科技在深交所挂牌上市，成为当时国内第一家以激光为核心产业的上市公司，被称为"中国激光第一股"，标志着湖北激光行业"产""学""研"融合在华中科技大学正式形成。同年，华工激光全资收购了世界著名的激光切割、等离子切割制造企业Farley Laserlab，迈出中国激光企业走向国际市场的第一步。

在华工激光，诞生了中国第一台光纤激光器、第一台紫外激光器、第一台皮秒激光器、第一台飞秒激光器……如今，华工激光已形成了完整的激光全产业链布局，公司产品广泛应用于3C电子产品制造、汽车制造、白色家电以及快速消费品制造等行业，极大地助推了中国制造业工艺水平的提升。

在"工业4.0"和"中国制造2025"战略的大背景下，智能制造已经成为全民关注的热门话题。制造产业的转型升级需要先进的制造设备作为支撑。近年来，随着越来越多的激光制造技术在传统制造业中的广泛应用和新的激光应用领域不断开拓，激光制造技术正在不断地替代和突破传统的制造技术，华工激光瞄准目标，实现激光应用的全面开花。

在汽车制造领域，2016年，华工激光联合院校及多家知名车企共同自主研发的"汽车制造中的高质高效激光焊接、切割关键工艺及成套装备"项目获国家科技进步奖一等奖，实现了汽车制造领域激光焊接、切割关键工艺及成套装备国产化，打破国外在此领域40多年的垄断历史。

不满足于在传统汽车车身激光焊接领域的领先地位，华工激光自主研发的国内首条新能源汽车全铝车身焊装生产线也于2008年量产上市，打破了国外垄断核心技术的局面，并推出漫威系列光纤激光切割机、奥博三维激光切割机等新品，不断延伸"智能制造"产品价值链。

在消费电子领域，华工激光抓住OLED行业产能转移机遇，突破显示面板工艺、皮秒激光成丝切割工艺等核心技术，成功研发全面屏全自动切割、蓝宝石加工等设备，开发定制专业的非标自动化设备、工作站及自动化生产线。

在新能源领域，华工激光积极融入新能源产业链，成立新能源事业部，布局新能源市场，研发出一整套新能源领域的激光加工解决方案及相关配套设施，并且在国内外多家知名车企得到成功应用，助力新能源汽车装上强力的"心脏"。

在家用电器领域，华工激光推出紫外大幅面打标设备，突破了曲面、异形加工瓶颈，填补了市场应用空白。

在微加工领域，华工激光掌握皮秒激光成丝切割工艺、高精度光机电协同控制技术等单元技术，未来还将在半导体行业及各种精细行业延伸产业链。

围绕"激光＋智能制造"，华工激光积极布局，专门研发了设备工业互联网管理软件，为客户提供硬件和软件的设备管理系统，可以对设备的使用效率、工作状态进行实时监控，真正实现MES系统的构建。以激光为立足点，华工激光还开拓了检测、自动化生产线等业务，进一步满足了制造业转型升级的需求。

当前，激光产业发展迎来了黄金十年。在"光制造"时代，随着我国智能制造战略的逐步推进,以及经济结构转型升级的全面深入,激光加工技术将进一步助力中国制造业产业升级。未来,华工激光希望建立完整的智能工厂,践行国家智能制造发展战略,为客户创造更高的价值。

人物小传

马新强:半生追逐一束光

有一种光,它是世上最快的刀、最准的尺、最亮的光。它就是激光。

作为"光谷"最早的创业者之一,马新强(见图1-16)在激光行业深耕了近30年。马新强和他掌舵的华工科技,把握住了这道神奇的光,从名不见经传的校办企业起步,华工科技已成长为"中国激光第一股"、国家级创新型企业,拥有国内最先进的激光装备研发、制造基地,国内最大的激光全息防伪产品、传感器、光器件产业化基地。马新强本人也因为在科技产业化领域的重要贡献当选为十二届、十三届全国人大代表。

图 1-16　马新强先生

作为"隐形的力量",华工科技的激光产品已应用到汽车、工程机械、轨道交通、消费电子、新能源、钣金制造等国民经济重要领域。即便如此,马新强还是有不满足的地方:"我希望不久的将来,人们提到基于激光装备的智能制造解决方案、光连接、多功能传感器,首先想到的是华工科技。"

不安分青年主动跳出舒适圈

马新强和激光的结缘始于1984年,当年他从陕西农村考入华中工学院激光专业。

"我当时的分数,上清华、北大也够了,听招生的老师说,激光是华工最好的专业之一，就毫不犹豫报了"。谈起这段经历，马新强觉得人生很奇妙。

当年激光841班的同学也没有想到，这个个头不高、性格低调的班长，会如此笃定地在激光行业奋斗近30年，并推动了整个行业的发展格局。

1988年，马新强大学毕业，由于表现优异，他留校在学校科技处做科技成果的转让工作。两年后，他主动申请进入校办企业华工高理公司，做一名销售人员。这是一次让许多朋友"看不懂"的选择。"主要还是有颗不安分的心，想好好拼搏一下改变自身境遇。"马新强回忆说。

彼时，华工高理主要生产电视机用电阻，但由于产品质量等多方面原因，至1993年，华工高理已濒临破产、人心浮动。危难关头往往也孕育着大机遇。面对公司的困境，当时已任市场部经理的马新强找到学校领导，毛遂自荐出任总经理并当场立下"军令状"：不增加一分钱投资，两年内还清所有银行贷款。

许多年后，马新强受邀回母校演讲，他动情地向学弟学妹们说，"对于从农村考大学到武汉的我来说，无资源，无背景，无资金，在一个发展良好的企业环境中，个人想获得超常规的发展是很困难的，必须从没多少人干的事情里面发现机遇，把握机遇，靠自己的双手打拼，实现人生价值。即使失败，也会积累起丰富的经验。"

创业艰难百战多。马新强回忆，从28岁那年开始，工作几乎成为他生活的全部，舍弃了和家人在一起的时光，舍弃了所谓的面子，可以坐上十几个小时甚至几十个小时的车，放下身段接受客户的指责，为见客户一面可以在大雪纷飞中伫立几个小时……付出终有回报。一年后，华工高理公司实现了盈利，并且在1998年跻身中国电子行业500强。

高校成果产业化的拓路者

华工高理公司的成功让年轻的马新强声名鹊起，考验很快到来。

1997年年底，马新强接到华中理工大学副校长周济的通知，希望他去华工激光做掌门人。当年，学校的激光加工国家工程研究中心被整体改制为武汉华工激光工程有限责任公司。

"我记得那是过年前的最后一天，老领导找我谈话，我提了两个问题，一是人事，我毕业于激光学院，公司里面的很多人就是我的老师，我怎么管？二是制度，做课题只要有成果鉴定，就可以提职称、分房子，做企业那是要把产品拿到市场上去卖的，老教授们愿意吗？"

大刀阔斧的改革开始了。推行"三统一"制度：财务统一，市场操作统一，新产品开发统一。原来的课题组被打散，成立公司产品研发中心……这些举措一下打破既有局面，教授们义愤填膺，强烈要求撤换总经理。幸运的是，在学校党委和领导的支持下，马新强最终顶住了压力，挺过了那段最难熬的时光。

一年以后，华工激光利润增长了近4倍，科研人员按比例从产品销售利润中提取奖金，研发人员通过"项目终身制"得到实惠，教授、博士们的收入提高了，市场化理念也逐步深入人心。

"很多人评价，马总（马新强）的一个主要贡献，在于推动科技成果产业化，其实，本质上就是市场化。"一位华工科技的高管介绍说，坚持走市场化道路，是华工科技成长的一个主要动力，而这与马新强个人的推动有很大的关系。

"我们在公司内从事的一切活动，研发、生产、管理所产生的费用，甚至日常办公费，其实都是客户买的单，没有以客户为中心，内部再热闹，再多亮点，也是自娱自乐。所以，凡是不给客户创造价值的流程要删除，凡是不给客户创造价值的部门要撤销，凡是创造的价值与薪酬不匹配的要调整。"对此，马新强也有新的诠释。

聚焦激光打造核心技术高地

善于折腾的马新强，很快迎来人生的新机遇。

1999年，华工科技成立，将华工激光、华工高理、华工图像等校办企业纳入"麾下"，开始依托更广阔的平台推进科技产业化，马新强出任华工科技总裁。2000年，伴随着华工科技的上市，36岁的马新强成为当时最年轻的上市公司总裁。

"年轻意味着意气风发、敢于冒险尝试，我们利用上市募集的资金进行跨国收购、新项目投资，几年后，我们的业务涉及激光、电子元器件、软件、生物医药、下一代互联网技术、纳米材料等多个领域"，马新强向上证报记者回忆道，那是公司曾经走过的一段"弯路"，"这种以机会为导向的产业扩张，与我们上市的初衷包括公司当时的体量都是背道而驰的，分散了公司的市场竞争优势"。

意识到问题的华工科技很快开始收缩，将主业集中在激光和传感器。"2005年，我接任董事长，开始清理一些无关的产业。"马新强介绍。同时，马新强开始在全球范围内寻找能提升公司核心技术的资源，并购、人才引进培养并举成为重要手段，收购澳大利亚的公司也好，与德国企业合作、同日本巨头合资也好，我们都立足一点：华工科技是高科技企业，我们不能买地、搞商业，更多的是要开发技术、投资智力。"马新强说。

正是对技术、智力的持续投入，华工科技创造了很多国内第一，包括首套国产化数控激光切割机，首个半导体激光器芯片，首台高性能光纤激光器，首台工业级紫外激光器、超快激光器，首条汽车白车身激光焊接生产线，首条自动切管生产线，首套三维五轴激光切割机，首个桥梁行业5G智能工厂……马新强说，这些都是华工科技的底气。

追求利润之上的目标

马新强有一种强烈的使命感，"创业早期只是为了自身命运的改变，但当你越行走，接触更广阔天地的时候，那种产业报国的想法会越来越强烈"。

"我们有机会去做房地产，曾经有几百亩的商住地就摆在我们面前,但这些是不是华工科技应该做的?"马新强说,公司拥有激光技术国家重点实验室、激光加工国家工程研究中心这种国家级顶尖科研机构,同时有华科大这样强大的技术、人才支持,若是仅仅以赚钱、赢利为目的,对得起独一无二的资源吗?

诱惑一直存在。"我们在有个地方投建基地,当地政府要给我们七百亩地,我们只要了四百亩,因为只需要这么多。"马新强说,赚快钱的事做多了,人容易浮躁。

"但我们很有成就感!"马新强说,这么多年,公司做出了一大批对行业发展产生重大影响的产品,包括首套国产化数控激光切割机、首台高性能光纤激光器、首台工业级紫外激光器、首台工业级超快激光器、首条汽车白车身激光焊接生产线……"国外的高福利生活不是凭空出来的,当我们造不出来这些东西时,他们就能把五块钱的东西卖成五十块、上百块!"马新强说。

据介绍,华工科技每年将销售收入的 5%~10% 作为研发投入,已累计制定、修订国际标准 1 项、国家标准 10 项、行业标准 49 项,突破了高速率半导体激光器芯片、光纤激光器、紫外激光器、超快激光器等一批关键核心技术,让中国成为全球为数不多的掌握这些技术并拥有产业化能力的国家。

伴随着华工科技校企分离改制的完成,华工科技下一步的目标是什么?"国产替代,全球领先。"马新强说,未来十年,仍然是激光行业的黄金时代,激光技术具有其他技术无法比拟的优势,在激光设备领域,国产替代将继续深化。同时,随着新一代信息技术、人工智能的蓬勃发展,包括用工荒、新冠疫情的催化,各个产业都在追求生产效率与成本的进一步优化,基于激光装备的智能制造解决方案,必将引来广阔的发展空间。

人物小传

阮海洪：激光点燃的岁月

1999年至2006年，阮海洪（见图1-17）历任武汉华工激光工程有限责任公司（简称华工激光）副总经理、总经理、董事长，华工科技产业股份有限公司（简称华工科技）副总裁。他提出了"代表国家竞争力，具备国际竞争力"的发展理念，用八年时间带领华工激光攻坚克难，以超强的意志力和执行力证明和诠释着奋斗的价值，在漫漫征途中，让华工激光从"小作坊"一步一步实现了"大理想"，搭

图1-17 阮海洪先生

建了"大平台"，创造了"大价值"，具备了国际竞争力。

壮志豪情

1997年，阮海洪了解到武汉国际信托投资公司希望与华中理工大学共同发起并创建一个上市公司的意向，他及时向时任校长周济教授汇报了此事。周济校长十分重视并在一周之内安排了和武汉国际信托投资公司董事长的会谈，会谈的当场周济校长就同意由武汉国际信托投资公司派专家团队对学校的产业进行尽调并提出整合建议。一周之内，武汉国际信托投资公司派来了三十多人的专家团队，通过尽调后给学校提交了以激光为主业的上市建议方案，这就是华工科技的雏形。

1999年，华工科技正在上市申报过程中，我国驻南斯拉夫大使馆被炸，引起中国民众群情激愤，阮海洪提笔写就"激中国科技腾飞雄心，

光民族工业振兴壮志"的巨幅对联,从激光研究院大楼的4楼一直挂到地上。此事件后,国家十分重视高科技领域的发展,华工科技上市进展非常快,从申报到2000年上市只用了差不多一年的时间。华工科技上市后,迅速成为深交所第一高价股,并持续了近一年的时间。

2001年,阮海洪担任华工激光总经理,那时华工激光年销售收入只有1000万元左右。激光工程研究中心的老师们也是公司的职员,他们延续着"一纵两横三打标"这种以课题组为主的产品制造团队模式,即一个课题组做纵流气体激光器,两个课题组做横流气体激光器,三个课题组做打标机。团队的动力、创造力都未完全激发出来。尽管当时华工科技上市融资了4.5亿元,投向激光的有1.1亿元,但由于分散投资和应收账款等多重压力,华工激光2001年账上的现金最低时只有30万元。2001年,华工激光从学校的激光院大楼搬迁至大学科技园,激光工程研究中心的老师们曾经是华工激光的技术和销售骨干,他们集体放弃搬迁至科技园的华工激光的工作,阮海洪带领一批新入职的学徒进驻科技园艰难重新创业。人才、经营和资金的多重压力下,公司运营异常困难。阮海洪日夜奔波于解决技术故障,争取更多的订单,缓解资金的压力,沟通和引进各类技术人员。尽管当时困难重重,阮海洪的事业激情已经被激光点燃。有次从北京坐飞机回武汉的途中,透过飞机悬窗看着蓝天白云时不禁遐想,依托华中科技大学深厚的科研沉淀和雄厚的科研实力,华工激光一定能成为中国激光加工装备领域的领军者。一想到目前产品的国际竞争已经国内化,国内的市场竞争已经国际化,阮海洪在飞机上琢磨出华工激光的企业发展理念——代表国家竞争力,具备国际竞争力。后来很长一段时间,华工激光都秉持着这一企业发展理念。

攻坚克难

阮海洪热爱激光事业,对激光加工技术的学习和推广倾注了大量的心血和精力。21世纪初的激光加工应用刚刚起步,推广十分艰难，给很多企业推广设备要从激光技术的科普开始。阮海洪带领技术和销售人员广泛拜访潜在用户，主动和各类企业商讨激光加工解决方案，有时候一天要跑几个城市。阮海洪有很强的市场开拓能力和商务谈判能力，常常冲在市场一线，他亲自攻克很多行业应用的第一个客户和众多的关键大客户。通过抓示范，树典型，收集并展示激光加工样品，行业和企业需求逐步扩大，电子元器件打标、纽扣打标、皮革打标、锂电池焊接、板材切割和打孔等应用迅速增长。阮海洪制定的销售策略是"市场靠策划，销售抓行业，行业抓龙头企业"。为了更好地服务于国家重要工业领域，阮海洪团结了一批激光、机械、材料、数控等方面的专家，如段正澄院士和李家镕、张靖、胡伦骥、刘建华、黄维玲、唐霞辉、肖上工、徐安定等教授。在专家们的指导和帮助下，华工激光率先在冶金行业实现激光在线板材拼焊和轧辊激光毛化，率先在航空工业领域实现激光切焊组合加工，率先取代了国外激光切割设备而批量进军纺织工业领域，等等。国际上一半以上的纽扣标记产自华工激光的打标机，三峡大坝一半以上机组的硅钢片产自华工激光的切割机，国内重大舰船的厚钢板切割设备大多由华工激光制造，等等。在各行业龙头企业的带动下，华工激光的实力得到快速提升，品牌影响力不断扩大，代表国家竞争力的愿景初步实现。

走向国际

阮海洪重视企业的国际化发展，即使在企业最困难的时候，勒紧裤腰带也要坚持每年参加国际光电展。他十分清醒地认识到华工激光和发达国家同行的差距，主张先借助别人的肩膀站起来再谋求超越。日本富士电机旗下的 MIYACHI 公司有意在中国寻求合作伙伴，该公司花费近百万人民币请北京的咨询公司评判并选择合作伙伴，经过认真研判后选择了华工激光，并成立了后来的武汉华日精密激光股份有限公司。通过和日本公司的合作，华工激光迅速提升了产品的制作工艺和质量，派往日本公司交流学习的员工也成了公司的骨干。华工激光与 MIYACHI 公司签订合作协议后，MIYACHI 公司公开了咨询报告里对预评估的几家同类企业负责人的评分，其中阮海洪以 79 分位居榜首。2005 年，阮海洪带队参加德国慕尼黑国际光电展，收集了几箱全球汽车制造生产线上的激光加工资料，回国到北京首都机场时因为超重要罚款，当机场工作人员得知他们艰难带回先进的激光技术应用资料后微笑放行。回国后，阮海洪马不停蹄地邀约长春一汽和东风二汽的总工程师以及中科院物理所的固体激光器专家共同研讨这些资料，在段正澄院士等一批专家的指导帮助下开展汽车制造行业应用的论证。这场讨论历时两天，为华工激光联合华中科技大学日后争取国家重大支撑计划奠定了基础，也为华工激光后来强势进军汽车制造业开了先河。通过参加国际展览，团队开拓了国际视野，结识了国际同行，更重要的是打开了产品的国际市场，华工激光的产品出口从零起步，至 2006 年底已经出口到了 36 个国家和地区。

精益求精

阮海洪认为产品质量映射着企业的尊严。华工激光在 2000 年收购了澳大利亚一家以激光切割、等离子切割为核心产品的公司，阮海洪于 2003 年开始兼任这家海外企业的董事长。为了降低海外较高的运营成本，阮海洪决定把这家分公司的产品全部国产化。整个国产化的过程异常艰难——尽管图纸一样，但是制造材料、制造装备、装配工艺等存在很多细节上的差异。阮海洪每天和工程技术人员泡在车间，对各类系统进行测试、调试、改进，对当时罗列的近百项改进问题逐一处理。激光切割是精密加工，除去光学系统的精度要求，机械悬臂和机床床身的精度保证非常重要，为了减小机床床身的焊接应力变形，他们在武汉以 2 万元月薪招聘了高级焊工，却仍然无法解决，最后还是把澳大利亚的焊工请来武汉现场示范操作才得以解决。国产化后生产的第一批 4 台切割机打开市场的过程也十分困难，阮海洪亲自跑往广东和江浙一带苦口婆心地推广，实现了第一批的销售。第一批产品质量不太稳定,用户抱怨投诉不断,阮海洪亲自到每家客户现场致歉和处置,企业领导对客户负责的态度和技术、质量问题的快速改进赢得了客户的尊重,第一批用户后来还成为华工激光切割机推广的示范典型。

在技术和工艺上,阮海洪追求极致,他和团队在专业的不断精进和突破中将旁人望而却步的事情变成了自己的绝活。有次,东方电机股份有限公司需要用激光切割机切割用在三峡工程的硅片,切割量非常大,需要在比门板还大的硅片上面切几十个圆孔,每个孔的定位精度和重复定位精度一定要保证在 2 μm 以内,如果误差过大就无法重叠起来。东方电机股份有限公司发来了一个硅片,并派来工作人员在现场监督切割,完成切割后再将硅片发回东方电机股份有限公司用高精测量仪测量是否达到要求。阮海洪和技术人员一起调试设备和切割工艺到凌晨两点,试切、试测,一定要完全达到精度后再把硅片摆上去切。测试合格后,东方电机股份有限公司购买了多套激光切割机。华工激光出品的激光切割机经过几轮迭代,现在一年的销售额有十几亿元,成为知名品牌。

人才辈出

阮海洪在任华工激光时期,行业内给予华工激光"激光加工领域的黄埔军校"赞誉。在企业非常困难时期,他带出了一批敢啃硬骨头和敢打硬仗的骨干团队,多年的艰苦磨砺,培养出一批中国激光的领军人物。阮海洪在管理上坚持现金流重于利润、利润重于规模,他要求不轻言放弃任何一个订单,无论海内外,无论技术难易,无论企业大小。阮海洪以身作则,言传身教、手把手地带年轻人开拓市场,员工也特别喜欢跟随他参加各类活动,在他们心中,阮海洪的商务公关和谈判技能有如教科书般严谨和流畅。华工激光的系列激光和等离子切割机的发展历程十分艰辛,起步之初很多员工选择了转岗或者离职,最困难的时候只有邓家科一人留下,阮海洪鼓励邓家科"留得青山在,不愁没柴烧,咬紧牙关往前冲",磕磕绊绊相互扶持着,如今邓家科已经是华工激光的新掌门人。李斌是切割机项目技术和售后服务负责人，起初设备故障多发，他一年有200多天在外救急维修，后来成长为激光加工在汽车领域应用的总负责人，也是激光切割公司的总经理。阮海洪把何立东从竞争对手那里引进过来，让他负责华东地区的业务，如今已是华日精密激光股份有限责任公司的董事长兼总经理。阮海洪把闵大勇派往经济最活跃的广东磨炼并送到日本MIYACHI公司学习，闵大勇先后担任华工科技副总裁、总裁。为了填补我国激光半导体芯片空白，闵大勇毅然辞去华工科技总裁职务，创办了苏州长光华芯光电技术股份有限公司。华工激光的艰辛发展历程锻造了一大批优秀的激光人，有很多优秀员工后来自主创业并获得成功。他们的成功都有华工激光的故事和情结，更是对中国激光事业蓬勃发展的积极贡献。

求贤若渴

2006年初，阮海洪在澳大利亚处理业务，时任华工激光副总经理的闵大勇给阮海洪报告掌握光纤激光器制造关键技术的美籍华人闫大鹏正在国内，阮海洪回国当天拖着行李直奔公司，让闵大勇立即联系闫大鹏，闫大鹏告知他将乘坐第二天的飞机回美国，阮海洪不顾刚回国的劳困第二天就赶往北京，傍晚7点左右在首都机场高速附近的破旧招待所与闫大鹏和闫长鲲兄弟俩会面，经过近两小时的坦诚交流，阮海洪求才心切的诚恳态度和对光纤激光器未来的无限期待感动了闫氏兄弟，双方用招待所的信笺纸手写草签了合作备忘录。半年后，闫大鹏举家回国创办了武汉锐科激光股份有限责任公司，经过十多年的艰辛奋斗，如今锐科激光已经上市。闫大鹏为我国光纤激光器填补了多项空白并正引领我国光纤激光器的发展，阮海洪和闫大鹏的故事已经成为业内"萧何月下追韩信"的美谈。

惺惺惜别

华工激光在20多年的奋斗历程中诉说着科技报国雄心，实现了具有国际竞争力的振兴壮志。2006年底,阮海洪即将离开华工激光去担任华中科技大学出版社社长,临别时的留言表达了他对奋斗过的激光事业的深深眷恋,把这份留言作为结尾也意味深长。

在这初九的寒冬日,我用冰冷的手捂着激荡起伏的胸口,向同我朝夕相处的同事,向与我共难同荣的集体惺惺惜别。

八年峥嵘岁月,弹指一挥间。我们越过关山,壮怀憧憬;峙藏龙,处逆不惊。我们携手披荆斩棘,互勉互励,用心血谱写创业的艰辛;南征北战,风雨兼程,靠汗水赢得酬志的豪情。天道酬勤,激光正繁荣兴盛。

几多忧,几多愁,谈笑共筹谋;议中吵,辩不休,相容泯歧岔。八年间,你们的理解、信任、支持和宽容让我感激不尽,友情磨砺为亲情已刻骨铭心。我凝重的祝福已洒遍激光的一草一木,你们的深情厚谊将激励我今世今生。

今天我去华中科技大学出版社就职,寥寥数语,就此别过,多保重,多联系,顺祝新年快乐!

阮海洪
2006年12月31日

(二)中国第一家民营激光企业——楚天激光

作为中国第一家民营激光企业,楚天激光于1985年诞生于武汉,经过36年的发展,已经成为中国最大的激光焊接设备生产基地,中国最大的医疗激光设备供应商,中国最大的激光文化创业产业基地。

楚天激光自成立起,一直在"做激光、用激光",激光贯穿着楚天激光的整个发展脉络。基于这个主题脉络,楚天激光不断创造着技术革命——最初的激光加工电池生产线是楚天激光创造的;全中国高端的激光美容产品60%以上出自楚天激光旗下的医疗激光公司,没有楚天激光,就没有今天的光子嫩肤；楚天激光是中国运载火箭研究院最优秀的合作伙伴之一，从神舟一号到神舟八号，中国神舟载人飞船系列有着楚天激光的突出贡献；楚天激光开发的激光文化创意旅游产品走向世博会，登上春晚；楚天激光的激光工艺礼品成为我国外交部的外事礼品首选。

楚天激光在发展中构建工业激光、医疗激光、文化激光三大产业的重大战略思想，不断壮大产业规模，推进国际化经营，提高创新能力，成为国内激光巨头之一。

在工业激光领域，楚天激光已积累了深厚的优势。楚天激光下属子公司主营业务拓展至激光焊接、激光打标等多个领域。楚天激光与意大利ELEN集团合作组建的奔腾激光，专业生产高功率激光切割设备。奔腾激光自创建之日起，连续10年在国内同行业中增长速度最快，成为国内主流的激光加工设备供应商之一。公司不仅参与过我国高速列车激光制造，也为中国航天运载火箭制造提供激光切割装备，被政府授予"中国航天工程立功单位"。

在医疗激光领域，楚天激光起步很早。医疗激光市场潜力巨大，随着国民经济水平的增长，正在成为一项面向大众的消费服务。楚天激光早已布局医疗激光市场，由其孵化的激光医疗企业现已处于国内激光医疗领域的领先位置，拥有完备的产品线，能够为客户提供全方位医疗激光解决方案。

在文化激光领域，楚天激光与湖北日报传媒集团联袂打造的科技文化创意产业平台——泛亚光电，致力于将激光科技与文化艺术完美融合，开创中国激光科技文化新模式。北京奥林匹克公园激光艺术水幕、世博会开幕式激光秀等都有泛亚光电的参与。

近年来，楚天激光先后承担并完成了多个国家级项目，包括：10个国家火炬计划项目，1个国债专项资金技术改造项目，4个电子发展基金项目，1个国家技术进步与产业升级项目，1个国家级产业化示范项目，1个国家重点技术改造项目等。截至目前，公司共申请专利480件，专利申请量和拥有量连续10年居同行业前列。

作为武汉光谷的核心企业之一,楚天激光试炼了光谷培育企业、集聚企业的良好土壤,以一个民营企业的活力、闯劲和胆识,与万千企业一起,共塑了"鼓励创新、宽容失败"的光谷。

楚天激光发展历程

- 1983 年

公司筹建。

- 1985 年

武汉楚天光电子公司正式成立(楚天激光的前身),朱九思校长在成立大会上致辞(见图 1-18)。

图 1-18　时任华中工学院校长朱九思同志在武汉楚天光电子公司成立大会上讲话(1985 年)

- 1988 年 2 月

公司研制出中国第一台工业激光设备——激光焊接机,中国工业激光行业从此诞生。

- 1992 年年底

公司研制的激光产品在美国硅谷与美、德、英等国的激光生产厂商同台竞标并获得成功,开创了我国激光设备出口到发达国家的先河;第一台双光路激光设备研发成功(见图 1-19)。

图 1-19　楚天公司第一台双光路激光设备研发成功
（1992 年）

- 1993 年 5 月

武汉楚天光电子公司改组为股份有限公司,武汉楚天激光(集团)股份有限公司(简称楚天激光)成立,孙文被推举为董事长兼总经理。

- 1994 年 2 月

公司研制的新型激光焊接机成功地解决了国产卫星蓄电池的改型焊接难题,为中国航空事业发展做出了巨大贡献。

- 1997 年底

公司在国内形成了庞大的市场销售网络,健全了公司的国际市场体系,产品市场份额迅速攀升。

- 1998 年 1 月

公司与世界最大的激光医疗仪器制造商——以色列 ESC Sharplan 公司合资成立武汉夏普兰楚天医疗激光制造有限公司,成为我国第一家引进国际先进技术、生产激光医疗仪器的合资公司,并成功引领该领域。

- 1998 年 8 月

苏州楚天激光有限公司成立。

- 1999 年 8 月

武汉楚天激光(集团)股份有限公司被评为湖北省高新技术企业。

- 2000年

武汉市政府将激光列入四大支柱产业,武汉楚天激光(集团)股份有限公司被评为武汉市50强企业之一;湖北省经贸委"四高产品"工作实施方案制定出台,由20家企业承担实施,武汉楚天激光(集团)股份有限公司作为激光产业的唯一列选者。

- 2001年

武汉楚天工业激光设备有限公司组建,主营激光焊接机、激光打孔机、激光切割机等产品;武汉楚天数控设备制造有限公司成立,致力于数控冲床和光机电一体化产品的研发与生产;同年,楚天激光首创了"光子嫩肤"的概念,成功研制了第一台国产光子嫩肤设备,掀起光子嫩肤的时尚美容浪潮。

- 2007年

公司与意大利ELEN集团合作组建国内最大的合资激光企业——奔腾楚天,成为国际一流的激光切割设备制造商。

- 2008年

奔腾激光大功率切割机为"神七""神八"配套,成为中国大运载火箭供应商。

- 2009年5月

湖北省科技厅组织专家在武汉对武汉楚天激光(集团)股份有限公司与华中科技大学共同承担的湖北省科技厅"十一五"科技支撑计划重点项目"2kW灯泵浦Nd:YAG固体激光器及加工系统"进行了验收。

- 2013年

楚天激光研制出中国第一台泌尿外科多功能激光平台系统;同年,与湖北日报集团合资组建泛亚楚天光电文化湖北有限公司。

- 2015年

公司组建工业激光、医疗激光、文创激光、激光加工四大产业集团,形成中国激光产业旗舰,楚天集团的激光行业龙头作用凸现;公司成立三十周年(见图1-20)。

图 1-20　楚天激光隆重举行三十周年庆典

(2015 年 12 月 27 日)

孙文：东方激光巨子

作为我国激光界专家和优秀企业家,孙文先后担任十多项国家及地方火炬计划项目、九五国家重点科技攻关项目技术负责人(见图 1-21)。主持研发的光纤传输连续激光焊接机,锂离子电池封装激光焊接机等多项科研成果荣获国家技术开发优秀成果奖、湖北省科技进步奖、武汉市发明奖等奖励,不仅替代了大量进口设备,而且成功出口至美国硅谷,实现了中国激光产品

图 1-21　楚天激光董事长孙文

出口发达国家"零"的突破。他本人也先后荣获"中国优秀民营科技企业家""全国优秀民营科技企业家奉献奖""湖北经济十大风云人

物"等荣誉称号,被誉为"东方激光巨子"。

孙文是改革开放后国内第一届激光专业的大学生。1980年从华中工学院毕业时,被分配到武汉一家光学研究所工作。工作中孙文发现,当时我国激光研究已经走在世界前列,全球著名激光杂志有四分之一的论文出自中国学者之手,但这些花费几代人心血的研究成果都被束之高阁,"养在深闺人未识",与国外激光产业的方兴未艾之势形成强烈反差。巨大的反差刺激了孙文。"科研成果不能及时转化为生产力,就好像果子卖不出去只能烂在筐里一样。"在研究所工作5年后,34岁的孙文义无反顾地决定结束这种在实验室里当"寓公"的生活,他要让武汉乃至全国的激光产业从实验室里走出来。

1985年,孙文带领研究所里的四名同事,靠着银行的10万元贷款,在一间20 m^2 的厂房里,创办了武汉楚天光电子公司(楚天激光的前身)。

创业初期步履维艰,公司整整一年都没有业务。1986年,孙文得知四川一家开发心脏起搏器的企业需要激光焊接机。当时激光焊接机在国内尚属空白,只能依靠国外进口。从客户那里回来后,孙文就一头扎进那间只有20 m^2 的厂房。在连续吃了3个月方便面、做了数百次试验后,激光焊接机终于试制成功,并且售价比进口设备便宜了130万元,为公司掘得了"第一桶金"。孙文研制的第一台"中国造"激光焊接机的问世,彻底改变了中国心脏起搏器依赖进口的格局。从此,孙文在业界名声大噪,可谓一战成名。继开发出中国第一台激光焊接机后,楚天光电子持续发力,双光路激光机在这里首创。随着楚天激光的发展,更多品种的激光焊接机、激光打标机、医用激光机、连续激光器、高频脉冲激光器在这里制造出来,产品品种达20多种。

1992年,邓小平的南方谈话让孙文热血沸腾,他决定把步子"迈得更快一些",那就是走出国门。当年他得到消息,美国硅谷需要一批激光焊接机,而参与投标的都是国际上著名的激光设备生产厂家,主要来自美国、英国、日本、俄罗斯、德国等。孙文最终决定参与投标。经过数百次的试验,终于研发出了双光路激光焊接机,一举夺标,成为当时中国第一家也是唯一一家进入美国硅谷的激光设备供应商,一举扭转了国内激光产品只进口不出口的局面。1993年,武汉楚天光电子公司更名为武汉楚天激光(集团)股份有限公司。

20世纪90年代以后,楚天激光先后完成一系列技术攻关,特别是用于中国航天事业的激光技术,包括楚天激光的大功率激光切割设备用于加工神舟七号部件、宇航员出舱服的精密焊接、人造地球卫星上所用的镍氢电池激光焊接等。公司快速发展,产品应用领域不断扩大,至90年代末,楚天激光的年销售额已突破亿元。

今天,孙文带领下的楚天激光公司已成为中国规模大、产品种类齐全、市场网络健全的激光产品制造商,下辖工业激光、医疗激光、激光加工三大产业集团,在北京、武汉、苏州建有大型生产基地,向客户提供激光应用全套解决方案。

湖北激光产业的特点

湖北省激光技术和产业化发展的道路是我国高科技自主创新、快速转化为生产力的典型案例,并具有以下鲜明的发展特点。

(一)武汉市激光技术及产业化的历史继承性

武汉市激光技术及产业化到目前已经历了三代人的奋斗。从20世纪20年代至30年代出生的第一代老教授开始,他们科研的目标就是要将技术成果变为产品。这样的目标奠定了武汉市激光技术及产业化的基本特点——面向市场需求。如以原华中工学院激光研究所李再光教授、丘军林教授为代表的科研团队，在20世纪80年代就研制成功高功率横流CO_2激光器，并迅速将此激光器应用于发动机缸体、缸套的表面硬化，该项技术迅速转化成了生产力。安装在北京切诺基吉普车生产线上的激光淬火系统，运行十几年，现在仍在使用。在老一代教授的带领下，20世纪40年代、60年代出生的第二代、第三代学者们，继承和发扬老一代的优良传统，加强与企业的合作，面向市场需求，为企业提供人才和技术支持。现在，20世纪80年代出生的第四代有志青年正在研究机构和企业中锻炼成长。

（二）激光技术源头单位与激光企业的血肉关系

正是由于武汉市激光技术及产业化的发展具有历史继承性的特点，现在近40家激光企业的董事长或总经理以及技术负责人几乎都是武汉"土生土长"的，不是武汉市各高校、科研单位的员工，就是具有在大学、科研单位学习的经历。如武汉华工科技产业股份有限公司（上市公司）董事长马新强——华中科技大学激光专业毕业；武汉楚天激光股份有限公司董事长孙文——华中科技大学激光专业毕业；武汉团结激光股份有限公司董事长陈海斌——曾为华中科技大学激光技术与工程研究院教师；武汉大族金石凯激光系统有限公司董事长陈清明——曾为华中科技大学激光技术与工程研究院教师；武汉新特光电技术有限公司总经理陈义红——华中科技大学激光专业毕业；武汉天骏激光有限公司总经理柯细军——华中科技大学激光专业毕业，等等。这些历史的渊源关系，确立了武汉市激光企业与研究单位的血肉关系，进一步明确了科研的终极目标——市场需求、为人类服务。

（三）产、学、研良性循环，优秀人才汇聚

由于武汉市激光科研和产业的良性互动，科研和产业都在不断发展。20世纪90年代末，武汉市在全国首次提出了建设全国光电子产业基

地——中国光谷。现在湖北省在激光技术和产业化领域具有完备的学、研、产国家级基地。如技术源头创新基地——武汉光电国家实验室（含激光技术国家重点实验室）、工程化创新基地——激光加工国家工程研究中心、产业化基地——三个产值过亿元的企业（华工激光、团结激光、楚天激光）。

在一个领域，具有如此完备的学、研、产国家级基地，湖北的激光行业正受到世界的关注，许多海外学子也投身到激光技术与产业化的事业中，如武汉新特光电技术有限公司的陈义红博士、武汉凌云光电科技有限责任公司的王锋博士等。

（四）激光产品制造企业"扎堆"效应

激光无疑是高新技术中的独特技术，在这样一个独特领域，在一个地区就有近百家企业，在世界范围内恐怕都是独一无二的。湖北省武汉市激光企业的"高浓度"同样受到世界的关注。不管在何种情形下，这些企业都在一门心思地推广、应用激光技术，推动制造业的创新，带动使用激光系统企业综合实力的提高。这么多人做同一件事，"扎堆"效应显而易见。

（五）激光制造企业各具特色，凸显光机电一体化产业规模效应

五十年来，湖北激光企业在无情的市场竞争中，通过互相学习、取长补短，逐步找到了自己的位子。现在，湖北的激光企业已逐步形成共存共荣、相互补充的良性循环。各个企业也根据自身的基础，发挥自身的特点，在市场的土壤里茁壮成长，形成激光制造企业的产业链。如华工激光公司的主打产品定位在大型重工业的激光加工成套设备；团结激光公司的主打产品定位在薄钢板的激光切割系统；华工—恒信激光公司则将产品定位在高功率轴快流 CO_2 激光器。现在，湖北省的激光企业有以光学加工为主的、有

以精密机械生产为主的、有以激光器生产为主的,也有以系统集成为主的,已经形成光机电一体化产品自身制造的产业链。

(六) 政府政策的有力引导

武汉市激光技术与产业化的发展,离不开政府的支持与引导。许多激光公司在起步阶段都得到国家或省市的创新基金支持,这些基金极大地鼓舞了企业员工的士气,使他们在市场拼搏中有了底气。同时,政策的引导也吸引了更多的社会资金投入到激光产业。

湖北省政府政策的引导具有前瞻性。如湖北省举办了两次"第三世界激光技术及产业化国际培训班"。由政府出资,学术机构和企业人员授课,意在把激光产品推向第三世界。政府的这种前瞻性引导,现在正获得回报。

(七) 民间学术团体发挥了桥梁作用

在武汉市,涉及激光的民间学术团体有武汉·中国光谷激光行业协会和湖北省暨武汉激光学会。民间学术团体的成长是伴随着会员的成长而成长的。因为,学会和协会的宗旨之一就是要成为激光技术研究机构和激光企业间的桥梁,全心全意为企业排忧解难。激光学会和激光行业协会的会员主要由湖北省激光研究单位和激光企业组成,每年坚持将世界激光技术与产业化的发展动态通过学术报告的形式灌输给企业,帮助企业由"游击队"发展为"正规军"。激光的民间学术团体成为研究人员和企业老总们交流的平台,也成为企业与企业间相互学习、相互协调的平台。

湖北省暨武汉激光学会是中国成立最早、且至今仅有的省级激光学会。成立于1981年元月,共有会员250人,包括武汉、襄樊、沙市、宜昌、宜都、黄石等地近30个从事激光事业的大专院校、研究所、工厂。学会下设激光基础、激光应用、激光医学三个专业委员会。

湖北省暨武汉激光学会历届领导班子成员名单

第一届湖北省暨武汉激光学会理事会

（1981年—1987年）

理 事 长：李再光

副理事长：蓝信钜、夏治中、袁树声

秘 书 长：黄国标

激光基础专业委员会主任：李宝琪

激光应用专业委员会主任：黄国标

激光医学专业委员会主任：袁树声

第二届湖北省暨武汉激光学会理事会

（1987年—1991年）

理 事 长：李再光

副理事长：蓝信钜、夏治中、袁树声

秘 书 长：郭振华

激光基础专业委员会主任：刘邦群

激光应用专业委员会主任：郭振华

激光医学专业委员会主任：梁永茂

第三届湖北省暨武汉激光学会理事会

（1991年—1997年）

名誉理事长：李再光

理 事 长：蓝信钜

副理事长：夏治中、梁永茂、杨桂生

秘 书 长：郭振华

激光基础专业委员会主任：楮玉喜

激光应用专业委员会主任：孙　文

激光医学专业委员会主任：梁永茂

第四届湖北省暨武汉激光学会理事会

（1997年—2002年）

理　事　长：蓝信钜

常务副理事长：李正佳

副理事长：夏治中、梁永茂、孙　文、杨桂生

秘　书　长：朱　晓

激光基础专业委员会主任：夏治中

激光应用专业委员会主任：孙　文

激光医学专业委员会主任：梁永茂

第五届湖北省暨武汉激光学会理事会

（2002年—2008年）

名誉理事长：蓝信钜

理　事　长：李正佳

副理事长：梁永茂、王建华、杨桂生、孙　文

秘　书　长：朱　晓

副秘书长：许德胜、刘善琨

激光基础专业委员会主任：程祖海

激光应用专业委员会主任：孙　文

激光医学专业委员会主任：梁永茂

激光检测专业委员会主任：王建华

第六届湖北省暨武汉激光学会理事会

（2008年—2013年）

名誉理事长：李正佳

理 事 长：朱　晓

副理事长：梁永茂、孙　文、杨桂生

秘 书 长：刘善琨

副秘书长：许德胜

激光基础专业委员会主任：程祖海

激光应用专业委员会主任：孙　文

激光医学专业委员会主任：梁永茂

激光检测专业委员会主任：王国平

第七届湖北省暨武汉激光学会理事会

（2013年—2019年）

名誉理事长：李正佳、梁永茂

理 事 长：朱　晓

副理事长：杨桂生、孙　文、刘恒明、唐霞辉

秘 书 长：刘善琨（2013年6月—2017年2月）

　　　　　唐霞辉（2017年2月至2019年11月）

激光基础专业委员会主任：程祖海

激光应用专业委员会主任：孙　文

激光医学专业委员会主任：刘恒明

激光检测专业委员会主任：王国平

第八届湖北省激光学会理事会

（2019年至今）

名誉理事长：朱　晓

理 事 长：唐霞辉

副理事长：孙　文、闫大鹏、龚　威、刘恒明、史玉升、熊　伟

秘 书 长：李政言

副秘书长：秦应雄、汤　阳

第八届武汉激光学会理事会

（2019 年至今）

名誉理事长：朱　晓

理 事 长：龚　威

副理事长：孙　文、闫大鹏、刘恒明、史玉升、唐霞辉、熊　伟、刘　顿

秘 书 长：秦应雄

副秘书长：汤　阳

武汉·中国光谷激光行业协会历届领导班子成员名单

第一届武汉·中国光谷激光行业协会

（2003 年—2008 年）

名誉会长：周　济（时任中华人民共和国教育部 部长）

顾　　问：袁善腊（时任武汉市人民政府 副市长）

　　　　　干福熹（时任中国科学技术协会 副主席、院士）

　　　　　刘颂豪（华南师范大学教授、院士）

　　　　　姚建铨（华南师范大学教授、院士）

　　　　　邓树森（时任中国光学学会激光加工委员会 主任）

会　　长：陈义红（湖北光通光电系统有限公司 总经理、博士）

副 会 长：郭胜伟（武汉市东湖新技术开发区管委会 副主任）

副 会 长：唐霞辉（武汉华工激光工程有限责任公司 副总经理）

副 会 长：张　军（武汉楚天激光集团股份有限公司 副总工程师）

副 会 长:陈海斌(武汉团结激光股份有限公司 董事长)
副 会 长:万滋雄(武汉金石凯激光技术有限公司 副总经理)
秘 书 长:周全荣(湖北光通光电系统有限公司 秘书)

第二届武汉·中国光谷激光行业协会

(2008年—2013年)

会　　长:朱　晓(华中科技大学激光加工国家工程研究中心 主任)
副 会 长:孙　文(武汉楚天激光集团股份有限公司 董事长)
　　　　　闵大勇(武汉华工激光工程有限责任公司 总经理)
　　　　　陈海斌(武汉团结激光股份有限公司 董事长)
　　　　　付　俊(武汉华俄激光工程有限公司 董事长)
　　　　　王　峰(武汉凌云光电科技有限责任公司 技术总监)
　　　　　陈义红(武汉新特光电技术有限公司 董事长)
　　　　　梁　伟(武汉金运激光股份有限公司 董事长)
　　　　　胡中原(武汉天琪激光公司设备制造有限公司)
　　　　　万滋雄(武汉金石凯激光系统有限公司 总经理)
秘 书 长:张明莲(专职)

第三届武汉·中国光谷激光行业协会

(2013年—2021年)

会　　长:朱　晓(华中科技大学激光加工国家工程研究中心 主任)
副 会 长:孙　文(武汉楚天激光集团股份公司 董事长)
　　　　　邓家科(武汉华工激光工程有限责任公司 总经理)
　　　　　闫大鹏(武汉锐科光纤激光技术股份有限公司 副董事长)
　　　　　陈海斌(武汉团结激光股份有限公司 董事长)
　　　　　付　俊(武汉华俄激光工程有限公司 董事长)
　　　　　王　峰(武汉凌云光电科技有限责任公司 技术总监)

陈义红(武汉新特光电技术有限公司 董事长)
梁　伟(武汉金运激光股份有限公司 董事长)
胡中原(武汉天琪激光设备制造有限公司)
秘 书 长:江　峰(武汉凌云光电科技有限责任公司 总经理)
副秘书长:汤　阳(专职)

朱　晓:心系产学研,谋划十五年

朱晓是华中科技大学激光加工国家工程研究中心主任、武汉·中国光谷激光行业协会会长,曾任湖北省暨武汉激光学会理事长(见图1-22)。

2006年,朱晓被华中科技大学任命为激光加工国家工程研究中心主任,在湖北省暨武汉激光学会第六届会员大会上,当选为湖北省暨武汉激光学会理事长;在武汉·中国光谷激光行业协会第二届会员大会上,当选为武汉·中国光谷激光行业协会会长。历史的机遇、命运的安排,使朱晓集武汉东湖新技术开发区激光领域产、学、研重任于一身。从2006年开始,朱晓团结激光领域产、学、研各方

图1-22　朱晓教授

的同仁,每隔五年提出一个发展口号,引领武汉激光产业的发展。

2006年,朱晓提出了"激光产业到了井喷式爆发的前夜",当时整个产业的发展非常艰难,一来没有广阔的市场,二来技术也处在更新换代的阶段。老的技术跟不上国际的发展,即将被淘汰;新的技术被迫切

需要。"但要对这个市场有信心。为什么叫前夜呢？就是爆发前的黎明要到了，而且是井喷式爆发。"那个时候，朱晓似乎看到了激光产业的光明前景。

在此口号的鼓舞下，朱晓整合激光产业资源，争取到了国家科技部支撑计划重大项目"新一代工业激光器及其装备研发与应用示范"，总经费1.8亿元，国家拨发经费近9000万元。该项目历时5年，解决了行业里最核心的工业激光器问题。2006年至2011年，朱晓领导武汉激光行业在"造枪炮"，一系列制作工业激光器的公司萌芽并成长。其中，武汉锐科光纤激光技术股份公司已历练成为行业的领头羊，2018年6月在创业板顺利上市。

2012年，朱晓提出了第二个口号"从'猴子'到激光"。在他看来，工具是人类进化的重要标志，每一个时代的划分都与工具的发展有着密切的关系。现在代表人类进化的工具是计算机和互联网，在此之后是什么？朱晓认为，继计算机和互联网之后，代表人类进化的工具就是激光。这个口号的号召之下，朱晓又组织行业力量，争取到了国家发展改革委员会"光电器件与激光产业集聚发展试点项目"的支持，国家拨发经费3亿元。

在"第二个五年"里，最重要的奋斗目标是使光谷激光领域的企业具备规模产业化的能力。朱晓回忆，当时的公司都很小，没有自己的研发基地、生产厂房和一系列规范性的生产流程。他将规模化发展比作"从游击队变成正规军"，以前每年只能生产几台、十几台激光设备，现在每年要生产几百台、上千台，才能称得上是有规模。2012年至2017年，朱晓领导武汉激光行业在"筑战壕"。

如果把光谷激光产业的发展看成一场战役，按照这套"朱子兵法"，第一个五年制造出高技术的激光器是"造枪炮"，第二个五年解决规模产业化问题就是"筑战壕"。"这俩准备好了，后面就是打仗了。"朱晓笑着说。

打好这一仗,需要激光与各行各业深度融合,满足他们的需求,这正是第三个口号"激光到了应用的时代"的意义。朱晓分析,这简单的九个字包含了两个关键点:一是激光器已不是最为重要的部分,激光研发专家要成为配角,而让激光应用专家唱主角;二是此时期的激光企业必须拥有核心器件或规模,使国有化程度越来越高。

为此,朱晓领导激光行业与各个行业的企业、协会交流沟通,与那些还未了解到激光技术优势的领域,规划未来的蓝图。十几年来,湖北激光人就是按照这三句口号,一步一个脚印做起来的。

第二部分
湖北激光产业现状

近十五年来，湖北激光产业按照三个口号——"激光产业到了井喷式爆发的前夜"（2006 年）、"从'猴子'到激光"（2012 年）、"激光到了应用的时代"（2018 年），分别完成了"造枪炮""筑战壕"的任务，现正处于"去打仗"阶段。

湖北省现有激光相关企业 568 家，其中 91.2％企业集中分布于武汉市，5.5％的企业分布于以鄂州、孝感、黄石为首的"1＋8"城市圈，其余企业零星分布于襄阳、荆门、十堰、天门、咸宁、宜昌、随州、荆门、黄冈等地，如图 2-1 所示。

图 2-1　2021 年湖北省激光企业地域分布

数据来源：同花顺

湖北激光产业链构成

按图 2-2 所示的激光制造产业链分布图，湖北激光产业链主要集中在中游工业激光器和下游激光应用装备上。激光产业链上游产品主要包括激光材料、光学镜片、激光器件、电源、控制卡及嵌入式控制软件、扫描光学

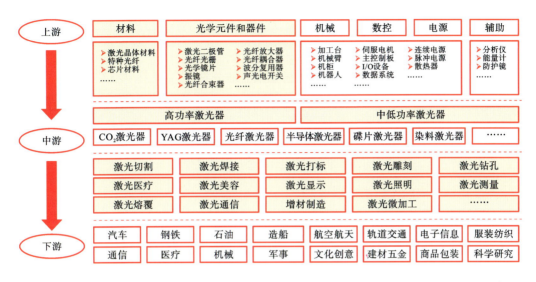

图 2-2 激光制造产业链分布图

系统等；激光产业链中游产品主要是各类工业激光器，包括半导体激光器、光纤激光器、紫外激光器、超快激光器等；激光产业链下游产品主要是激光加工和医疗装备。

随着激光器功率越来越高、体积越来越小，高功率激光器在军事和特种场合的用途越来越广，除传统的采用高峰值功率大能量激光器用于激光测距、激光跟瞄、激光制导等装备外，以高或超高平均功率激光器为核心的特种激光应用装备也越来越多，如激光武器、激光反恐、激光清除高压线异物、激光除冰等。

从产业链的上、中、下游关系看，产、学、研为一体的激光产业链在湖北省初步形成，正在呈现集聚发展的良好态势。

（一）产业链上游——材料及元器件

上游主要产品：用于制造固体激光器所用的晶体材料、调 Q 开关、激光泵浦模块、光学镜片；用于制造气体激光器所用的光学元件、气动空气元件；以及通用器件，如电源器件、光纤器件、控制元件、超精密机械加工，数控模块、软件控制、扫描光学元器件等。

上游重点企业分布如表 2-1 所示。

表 2-1 上游重点企业分布表

序号	重点企业	代表产品
1	武汉锐晶激光芯片技术有限公司	高功率半导体激光芯片,www.bdlrj.com
2	武汉长进激光技术有限公司	激光增益光纤,www.cjphotonics.com
3	武汉长盈通光电技术股份有限公司	传能光纤跳线、光子晶体光纤,https://www.yoec.com.cn/
4	武汉中正激光器械有限公司	精密光纤耦合器和多维光学调整架等系列产品,http://www.laser-om.com.cn/
5	武汉楚星光纤应用技术有限公司	磨锥球面透镜光纤、长焦距透镜光纤、斜面精磨光纤、楔形柱面透镜光纤,www.cxfiber.com
6	武汉东隆科技有限公司	光学器件及精密微动机械、激光器及发光器件、光电子测试仪器、激光测试仪器、激光加工设备、半导体生产设备等,www.etsc-tech.com
7	武汉高科机械设备制造有限公司	激光成套装备配套的机械制造 www.whgkjx.cn
8	武汉市华强机电设备有限责任公司	激光成套装备配套的机械制造
9	武汉鑫巨力精密机械制造有限公司	精密机械加工制造,为光电设备、医疗器械、激光器设备及军工精密零件等领域客户提供机械设计、制造服务
10	武汉赫天光电股份有限公司	微小透镜、光通信光学元件、数码相机镜头、监视器镜头、显微镜头、激光产品、多彩激光表演系统、系列显微镜、天文望远镜,www.whntop.com

续表

序号	重点企业	代表产品
11	武汉瑞丰光电技术有限公司	各种光学元器件、激光加工设备和激光设备配件
12	武汉楚天数控设备制造有限公司	嵌入式数控系统、工控机数控系统、液晶显示数控系统、数码显示数控系统
13	武汉九申光电技术有限公司	激光电源系列产品,www.whjiushen.com
14	武汉中谷联创光电科技股份有限公司	激光电源,www.whzglc.com
15	武汉永力科技股份有限公司	新型激光电源、电力电子通信设备 www.ylpower.com
16	武汉市立方光电子有限责任公司	激光设备
17	武汉赛斐尔激光技术有限公司	半导体激光电源、半导体激光器、532波长绿激光系统、振镜式高速激光焊接系统等技术和产品,www.sapphirelaser.com
18	武汉诺雅光电科技有限公司	控制卡、振镜,www.novalaser.com.cn
19	武汉市威佳激光有限责任公司	声光调制器件、多光束输出光纤激光器 waveguardlaser.com
20	武汉兴弘光电技术有限公司	激光切割头、焊接头,www.xhoptoelec.com
21	武汉松盛光电科技有限公司	光学部件、光学系统、软件 http://www.whlaser.cn/
22	武汉金顿激光科技有限公司	空间光调制器,www.jdlasers.com

续表

序号	重点企业	代表产品
23	武汉新特光电技术有限公司	激光器件国际超市,www.518168.cn
24	武汉睿芯特种光纤有限责任公司	激光增益光纤,www.brightcore.com.cn
25	武汉力尔科技有限公司	各类振镜,www.whlier.com

(二)产业链中游——激光器

中游主要产品就是固体激光器、气体激光器等。其中固体激光器主要有光纤激光器、碟片激光器、半导体激光器和高光束质量、高能量灯泵浦的固体激光器,以及中小功率的绿光、紫外激光器等;气体激光器主要有大功率横流CO_2激光器、大功率纵流CO_2激光器、大功率射频板条CO_2激光器、中小功率的射频CO_2激光器以及新型金属蒸气激光器等。

中游重点企业分布如表2-2、表2-3所示。

表2-2 工业CO_2激光器分布企业

序号	重点企业	代表产品
1	华中科技大学激光加工国家工程研究中心	高功率CO_2激光器系列 http://laser.hust.edu.cn
2	武汉大族金石凯激光系统有限公司	横流CO_2激光器,www.hansgs.cn
3	武汉华工激光工程有限责任公司	横流CO_2激光器,www.hglaser.com.cn
4	武汉团结激光股份有限公司	高功率CO_2激光器
5	武汉金运激光股份有限公司	射频板条CO_2激光器,www.goldenlaser.net

续表

序号	重 点 企 业	代 表 产 品
6	武汉博莱科技发展有限责任公司	旋流 CO_2 激光器,www.bolailaser.com
7	武汉光谷科威晶激光技术有限公司	高功率轴快流 CO_2 激光器 www.cwgchina.com.cn
8	武汉远红激光有限公司	玻璃管 CO_2 激光器

表 2-3 固体激光器分布企业

序号	重 点 企 业	代 表 产 品
1	武汉锐科光纤激光技术股份有限责任公司	系列连续、脉冲高功率光纤激光器 www.raycuslaser.com
2	武汉安杨激光技术股份有限公司	超快光纤激光器,www.yslphotonics.com
3	武汉华锐超快光纤激光技术有限公司	超快光纤激光器
4	武汉光至科技有限公司	MOPA 光纤激光器,www.gzlasertech.com
5	武汉华日精密激光股份有限公司	各类脉冲和超快固体激光器、绿光、紫外固体激光器,www.huaraylaser.com
6	华中科技大学激光加工国家工程研究中心	脉冲薄片激光器,http://laser.hust.edu.cn
7	武汉华族激光技术有限公司	红外、绿光、紫外固体激光器,www.whhzlaser.cn
8	罗根激光科技(武汉)有限公司	红外、绿光、紫外固体激光器,www.loganlaser.com
9	武汉大华激光科技有限公司	二极管及灯泵连续固体激光器、脉冲固体激光器,www.chinaovlaser.com

(三)产业链下游——激光应用装备

下游主要产品包括各类激光宏加工装备、激光微加工设备、激光医疗设备、激光娱乐设备、军用激光设备、激光加工连锁站、激光医疗连锁站等。

下游重点企业分布于各行各业,如表 2-4、表 2-5、表 2-6、表 2-7、表 2-8 所示。

表 2-4 高功率激光加工装备企业

序号	重 点 企 业	代 表 产 品
1	武汉法利莱切焊系统工程有限责任公司	高性能激光切割机、高速度激光切割机、高精度激光切割机、超大幅面激光切割机、三维立体激光切割机,各类激光焊接机等,www.hglaser.com
2	武汉法利莱普纳泽切焊系统有限公司	平板材切割和钻孔技术,www.hglaser.com
3	武汉武钢华工激光大型装备有限公司	高功率激光表面改性设备,www.wghglaser.com
4	武汉华俄激光工程有限公司	大功率激光切割机,www.helaser.cn
5	武汉天琪激光设备制造有限公司	大功率激光切割机,www.tqlaser.com
6	武汉点金激光科技有限公司	高功率激光表面改性设备
7	武汉阿尔法激光有限公司	激光沉积焊接系统、精密激光焊接系统、在线激光点焊系统、YAG 及 CO_2 激光切割机、激光表面热处理系统、激光微加工系统、高精度激光打标机 www.alphalaser.com.cn
8	武汉高能激光设备制造有限公司	大功率激光切割机,www.whgnlaser.com
9	武汉新瑞达激光工程有限责任公司	激光强韧化、激光熔覆,www.nrdlaser.com

表 2-5　中小功率激光器加工设备企业

序号	重点企业	代表产品
1	武汉国恒电力技术有限公司	激光雕刻机、激光切割机等系列设备
2	武汉华工激光工程有限责任公司	激光切割系统、激光焊接系统、激光打标机、激光毛化成套设备、激光热处理系统、激光打孔机、激光微加工系统和医用激光手术设备,以及固体和气体激光器及器件等,www.hglaser.com
3	武汉楚天激光(集团)股份有限公司	激光焊接、激光打标、激光切割、激光打孔、激光热处理、激光调阻等设备,www.chutianlaser.com
4	武汉众泰数码光电设备有限公司	激光切割机、激光内雕机、激光工艺品雕刻机、(非)金属打标机、激光印章雕刻机等设备
5	武汉嘉铭激光股份有限公司	嘉铭系列激光标记机、气动打标机、标牌压印机等共六十余种机型,www.gemminglaser.com
6	武汉天骏激光有限公司	系列激光内雕机、系列激光打标机、CO_2 激光机及系列气动标记机
7	武汉市楚源光电有限公司	激光焊接机、标刻机、打孔机、切割机
8	武汉三工光电设备制造有限公司	太阳能成套设备、激光划片机、激光刻膜机、激光打标机、气动打标机、激光切割机、激光雕刻机等30多种产品,www.suniclaser.com
9	武汉滨湖机电技术产业有限公司	HRP(基于薄材成型)、HRPS(基于粉末烧结)、HRPL(基于光固化)、HZK(真空注型)和 HRE(三维反求)系列多种型号的快速成型系统
10	武汉逸飞激光股份有限公司	精密激光焊接机、高速激光标刻机、精密激光切割机、精密激光打孔机、激光划片机、激光雕刻机等,www.yifilaser.com

续表

序号	重点企业	代表产品
11	武汉市中光华工激光工程有限公司	激光器维护维修、激光器配备件供应、激光器采购咨询谈判、激光加工(焊接、切割、热处理、熔覆等)现场工艺指导,激光焊接金刚石工具配方设计等多项业务
12	武汉亚光电子有限公司	激光打标机、激光切割机、激光打孔机、激光焊接机等系列设备及配件的制造和销售 www.whyaguang.com
13	武汉楚域光电科技有限公司	激光打标机、激光切割机、激光打孔机、激光焊接机等,https://www.cyopto.cn/guanyu/
14	武汉博联特科技有限公司	激光焊锡机、激光锡焊机、激光回流焊、激光球锡焊、恒温激光锡焊机、激光打标机等
15	武汉精能激光有限公司	气动打标机、激光打标机、标牌压印机、电腐蚀打标机和喷码机,www.whjnjg.com
16	武汉康达信光电设备有限公司	锂电池电芯封口用激光焊接机 KJG-1YAG-200A、光纤组件精密焊用多光纤传输激光焊接机 KJG-1YAG-4GX 等
17	武汉佳艺科技有限公司	激光内雕机、激光标记机、喷码机、切割机,激光毛化处理设备、大功率激光焊接机等
18	武汉旭鑫激光设备有限公司	激光打标、雕刻系列,气动打标系列,压印机系列及标牌焊接机,多功能数控加工平台,www.xxlaser.cn
19	武汉市镭亚光电子有限公司	激光设备、光学检测仪器,www.lasereye.com.cn
20	武汉嘉信激光有限公司	激光雕刻机、激光洗眉机、光子嫩肤机、激光治疗仪、气动标记机、标牌,www.jxlaser.com
21	武汉力格尔科技有限公司	激光内雕机
22	武汉市恩维激光设备有限公司	大型激光雕刻、切割和激光标记等激光设备

续表

序号	重点企业	代表产品
23	武汉天宏兴业光电科技有限公司	激光打标机、焊接机、雕刻机、内雕机 www.chenshi78.cn
24	武汉友成激光有限公司	激光打标机、气动打标机、压印机、内雕机等共50余种机型，www.whycjg.com
25	武汉迈驰科技实业股份有限公司	激光打标机、气动打标机、多段喷射字符打标机、电火花打标机、多段击打字符打标机
26	武汉华中激光产业有限公司	激光焊接机、激光打标机、激光内雕机、激光雕刻机，www.whhzjg.cn
27	武汉华科激光有限公司	工业气动打标机、激光打标机
28	武汉茂和标记系统有限公司	打标设备
29	武汉立德激光有限公司	半导体端面泵浦激光精细打标机、手机按键专用镭雕机、激光绿光打标机、电脑按键专用镭雕机、半导体泵浦激光标记机、激光打孔机、激光镭雕机、镭射雕刻机、激光打标机、激光打标机、镭射打码机等
30	武汉中光谷激光设备有限公司	激光打标机、激光雕刻机、激光切割机系列、商标类激光切割机系列、竹木/剪纸类工艺激光机系列、装/印刷类激光机系列，www.zgglaser.com
31	武汉吉事达科技股份有限公司	高频高速激光内雕机系列、激光打标机系列、激光焊接机系列、激光雕刻切割机系列等 www.gstarlaser.com
32	武汉贝斯特标记公司	激光打标机、气动打标机、电腐蚀打标机等一系列产品
33	华工科技产业股份有限公司	太阳能薄膜电池激光刻膜机，www.hgtech.com.cn

续表

序号	重点企业	代表产品
34	麦克威工业技术有限公司	激光打标机
35	武汉兴诚光电科技发展有限公司	气动及激光打标机
36	武汉天工创新科技有限责任公司	以气体激光为主的激光雕刻机、切割机、印章雕刻机、工艺品雕刻机等一系列激光产品
37	武汉森托尼激光有限公司	激光内雕机、CO_2激光雕刻切割机
38	武汉博维光电技术有限公司	灯泵浦固体激光打标机、CO_2高速激光打标机、半导体泵浦固体激光打标机、半导体单端面泵浦固体激光打标机等一批激光打标设备
39	武汉金运激光设备股份有限公司	大幅面激光裁床、激光雕刻切割机、商标切割机、布料雕花机、贴布绣专用激光切割机、非金属打标机、石材专用雕刻机，http://www.goldenlaser.cn/
40	武汉帝尔激光科技股份有限公司	太阳能电池、显示器激光加工设备 http://www.drlaser.com.cn/
41	武汉荣科激光自动化设备有限公司	激光打标机、焊接机 http://www.roclaser.com/
42	武汉翔明激光科技有限公司	激光清洗设备、激光焊接设备 http://www.skylasertech.com/
43	湖北海纳激光智能装备有限公司	激光喷码机
44	航天三江激光研究院	激光清洗设备、激光隐形切割设备、激光开封、激光清障、激光焊接、激光剥线设备 http://www.casic-laser.com/
45	一束激光科技咸宁有限公司	光纤激光切割机、光纤激光切管机、三维机器人光纤激光切割机、三维机器人光纤激光焊接机

表 2-6　激光加工站企业

序号	重点企业	代 表 产 品
1	武汉蒂森克虏伯中人激光拼焊有限公司	激光焊接技术 http://www.tks-tbch-thyssenkrupp.com/
2	武汉嘉祥切割加工厂	激光加工 https://www.onedow.com/company/0WawXy/
3	武汉光谷平达团结激光工艺品有限公司	激光工艺品
4	恩维激光设备有限公司	激光切割、机械加工；金属材料、装饰材料加工 http://awlaser123.moqie.com/
5	武汉大智龙金属制品有限责任公司	数控冲、剪、折及静电喷涂等全工序生产线
6	武汉万邦激光金刚石工具股份有限公司	通用及专用激光焊接、切割金刚石锯片，激光焊接涡轮金刚石锯片，激光焊接开槽片 http://ch.wanbanglaser.com/

表 2-7　激光医疗企业

序号	重点企业	代 表 产 品
1	武汉亚格光电技术股份有限公司	主导产品有 YY-400PF-I 型皮肤美容机、YY-500PF-Ⅲ型皮肤治疗机，http://www.yagelaser.com/
2	武汉奇致激光技术股份有限公司	激光/强光医疗和美容解决方案 http://med7300.yixie8.com/
3	武汉华大激光设备有限公司	激光眼科治疗机系列
4	武汉莱尔康医疗激光有限公司	激光医疗设备 http://www.b2b168.com/c168-1566938.html
5	武汉亚昆光电子有限责任公司	YAG 系列激光美容（治疗）机、CO_2 系列激光治疗机、He-Ne 激光治疗仪、IPL 系列强脉冲光子治疗仪，http://yaqueencom.cn.tonbao.com/

续表

序号	重点企业	代表产品
6	武汉天都激光电子有限公司	YAG 激光眼科治疗机系列、Nd:YAG 激光泪道治疗机系列、Nd:YAG 激光五官科综合治疗机
7	武汉磊石科技发展有限公司	YAG、CO_2、He-Ne、IPL 系列等专项产品
8	武汉彩虹激光仪器有限公司	YAG 系列激光机、CO_2 激光机治疗仪、光谱治疗仪、光子治疗仪
9	武汉光盾科技公司	半导体激光器治疗仪，http://www.guangdun.net/
10	武汉镭健科技有限责任公司（原武汉华工激光医疗设备有限公司）	各类激光医疗设备

表 2-8　激光表演设备企业

序号	重点企业	代表产品
1	泛亚楚天文旅科技湖北有限公司	激光表演设备以文化为内核，融合光影、交互等创新技术，虚实结合的沉浸式剧秀，声、光、电、水、火、机械的完美演绎，呈现多维感官的艺术享受，http://www.plart.cn/

湖北激光产业科技创新平台建设优势

　　武汉是我国第二大智力资源密集区，集聚了武汉大学、华中科技大学等 42 家高校，和武汉邮电科学研究院，中国船舶重工集团公司第 709 研究所、701 研究所、717 研究所等 56 家科研院所。激光加工国家工程研究中心是全国激光领域唯一的国家研究中心。全市光电子信息领域有多个国家重点实验室、企业国家重点实验室、国家工程技术研究中心、国家工程研究中心、国家工程实验室和国家企业技术中心。有22名光电子信息技术相关领域两院院士,占湖北省两院院士总数的37%。30多万名专业技术人员和近百万在校大学生,以及相关研究院所培养的大批光电及激光人才,为湖北省发展激光产业提供了智力保障。

为汇聚产业发展资源,集聚产业创新要素,全市建设了一批科技创新平台,如表2-9所示。科技创新平台建设为光电器件及激光产业发展提供了源源不断的创新成果,在加速产业发展,促进产学研结合的创新模式上做出了突出贡献,为光电器件及激光领域持续创新提供了不竭的动力。

表2-9 光电器件及激光产业科技创新平台建设情况

平台类别	名称	依托单位
国家实验室	武汉光电国家研究中心	华中科技大学、武汉邮电科学研究院、中国科学院武汉物理与数学研究所、中国船舶重工集团公司第717研究所
国家工程研究中心和国家企业技术中心	激光加工国家工程研究中心	华中科技大学、华工激光工程有限责任公司
	国家安全防伪工程技术研究中心	华中科技大学、华工图像技术有限公司
	华工科技产业股份有限公司技术中心	华工科技产业股份有限公司
	长飞光纤光缆股份有限公司技术中心	长飞光纤光缆股份有限公司
	国家数控系统工程技术研究中心	华中科技大学、华中数控公司
	制造装备数字化国家工程研究中心	华中科技大学、华工制造装备数字化国家工程中心有限公司

续表

平台类别	名称	依托单位
国家工程研究中心和国家企业技术中心	国家数字化设计与制造创新中心	华中科技大学、清华大学、中车株洲电力机车研究所有限公司、珠海格力电器股份有限公司等15家股东单位
国家级标准化分技术委员会	全国激光辐射安全和激光设备标准化技术委员会大功率激光器应用分技术委员	华工激光工程有限责任公司为秘书长单位

武汉市为激光产业发展创造了良好的创新环境,加速光电器件及激光企业与国内相关企业、高校、科研机构之间的产学研合作和成果转化,在创建产业技术创新战略联盟、技术服务平台、金融服务平台等方面取得了显著成果。其中,金融服务平台包括引导社会资本投入的股权融资平台(光谷基金)和债权融资平台(生产力促进中心),全面支持光电器件及激光企业、激光产业基地建设融资工作,如表2-10所示。

表2-10 激光产业公共服务平台建设情况

平台类别	名称
产业技术创新战略联盟	国家级激光加工产业技术创新战略联盟
	国家激光加工装备及其应用产业技术创新战略联盟
	湖北省暨武汉激光学会
	湖北省暨武汉·中国光谷激光医疗器械产业创新战略联盟
	武汉·中国光谷激光行业协会
六个国家级科技孵化器	武汉东湖新技术创业中心
	武汉留学生创业园
	武汉华工科技企业孵化器
	湖北国知专利创业孵化器
	武汉理工大学科技园
	华中师范大学科技园

续表

平台类别	名　　称
三个国家级大学科技园	华中科技大学国家大学科技园
	武汉大学国家大学科技园
	武汉东湖高新区国家大学科技园
省级科技孵化器	武汉光谷创意产业孵化器
三个市级科技孵化器	武汉市工科院科技园孵化器
	中国光谷·湖北青年企业孵化器
	华科科技园
国家级生产力促进中心	武汉东湖新技术开发区生产力促进中心
五个国家级技术转移机构	华中科技大学国家技术转移中心
	武汉光谷联合产权交易所
	武汉科技成果转化服务中心
	武汉大学技术转移中心
	湖北技术交易所
金融平台	武汉东湖高新集团股份有限公司

湖北省武汉市在光电子信息产业领域有 6 个国家级科技孵化器在内的 23 个孵化器,总面积达 170 万平方米,形成了综合孵化器与专业孵化器相结合的企业孵化服务体系。

湖北激光产业技术现状

（一）上游：激光原材料与器件技术现状

湖北省激光产业链上游企业 32 家，涉及大部分激光器和激光设备所需的器件产品，如光束扩束镜、聚焦镜、扫描振镜、声光调制器、空间光调制器、控制卡、机械加工、光学加工等，但缺少电光调制器、空间光调制器的核心部件，需要依赖进口，也没有激光晶体和激光材料的生产企业。几乎所有产品都处于中低端技术水平，6 kW 以上高功率激光装备的主要器件和超快激光应用装备的主要器件都依赖进口。湖北省在激光产业链上游产品技术上，提升空间很大。

（二）中游：工业激光器技术现状

随着激光技术的发展，工业激光器也在不断向前发展，出现了许多新型工业激光器。早期激光加工用激光器主要是大功率 CO_2 激光器和灯泵浦固体 YAG 激光器。从激光加工技术的发展历史来看，首先出现的激光器是在 20 世纪 70 年代中期的封离式 CO_2 激光管，发展至今，已经出现了第五代 CO_2 激光器——扩散冷却型 CO_2 激光器。21 世纪初，出现了另外一种新型激光器——半导体激光器。与传统的大功率 CO_2 激光器、YAG 固体激光器相比，半导体激光器具有很明显的技术优势，如体积小、重量轻、效率高、能耗小、寿命长以及金属对半导体激光吸收高等优点，随着半导体激光技术的不断发展，以半导体激光器为基础的其他固体激光器，如光纤激光器、半导体泵浦固体激光器、薄片状激光器等的发展也十分迅速。

1. 湖北省气体激光器技术现状

湖北省气体激光器的生产企业有 9 家,主要集中在射频激励 CO_2 激光器、玻璃管 CO_2 激光器、轴快流 CO_2 激光器,横流 CO_2 激光器正在被淘汰。由于受光纤激光器的影响,CO_2 激光器的市场空间压缩很大,主要集中在非金属材料的加工应用。但随着电子线路和芯片产业的发展,对 CO_2 激光器的需求会得到提升。湖北省的 CO_2 激光器与国际高端产品相比,仍处在中低端技术水平。

湖北省缺少准分子气体激光器和高光束质量、高功率、高峰值功率 CO_2 激光器。

2. 湖北省光纤激光器及固体激光器技术现状

武汉锐科光纤激光技术股份有限公司(简称锐科激光)是高功率光纤激光器国内龙头企业,3 kW 连续光纤激光器技术已成熟并形成批量生产,100 kW 激光器已具备出货能力。完成了特种光纤、光纤器件、半导体激光器等上游产业链的垂直整合,打破了国外发达国家在该领域的技术封锁、价格垄断和部分产品禁运,实现了高功率光纤激光器的国产化和产业化,迫使国外进口的工业光纤激光器大幅度降价,光纤激光器实现由依赖进口向自研、替代进口到出口的转变。

锐科激光攻克了高光束质量万瓦光纤激光功率合束难题。创造了光纤合束器在 50 μm 芯径中输出大于 10 kW,光束质量 $M^2<3$ 的光纤激光产品世界纪录。

锐科激光首创无光致暗化高性能大功率光纤激光技术。提出激光光纤三种新型波导设计和制造方法,包层泵浦光吸收提高 50%,非线性阈值提高 31%。生产的 20/400 μm 光纤激光输出功率比允许进口的同类产品高 50%,25/400 μm 窄线宽光纤激光输出功率比禁运同类产品高 40%。

锐科激光发明高亮度、高功率半导体激光技术。提出非对称大光腔半导体激光芯片生产技术,自主研发了 15 W 的 915 nm 和 976 nm 半导体激光单管芯片,并实现产业化。发明斜面多管芯偏振合束技术,976 nm 锁波长半导体激光器在 200 μm 芯径光纤中实现 400 W 激光输出,比国际同类产品高一倍,并实现规模生产。

2019 年,"高光束质量万瓦光纤激光器核心技术及其产业化"项目获湖北省科学技术进步奖特等奖,如图 2-3 所示。2020 年,闫大鹏获全国劳动模范荣誉称号,受邀到北京参加中国共产党建党 100 周年纪念大会;同年,闫大鹏获湖北省人民政府突出贡献奖,并将奖金 200 万元全部捐赠华中科技大学,如图 2-4 所示。

图 2-3 "高光束质量万瓦光纤激光器核心技术及其产业化"获湖北省科学技术进步奖特等奖

(2019 年)

图 2-4 闫大鹏获湖北省人民政府突出贡献奖

(2020 年)

锐科激光攻克了高性能大功率光纤激光器规模制造技术,各类光纤激光器生产规模全球第二,中国第一。2020年国内市场占有率达到24.4%,国产激光器市场份额第一。

锐科激光牵头起草的中国第一部光纤激光器行业标准于2016年正式发布,参与编制我国首个激光产品的国际标准。开发出完全自主知识产权的高性能大功率光纤激光器自动或半自动制造生产线。

在中低功率连续光纤激光器方面,锐科激光已实现了全面占领市场;在高功率光纤激光器方面,锐科激光已经与国外进口产品平分秋色。国内激光器性能提高10倍,价格下降10倍,产品的直接应用单位达1600家,其中包括欧美等40多个国家和地区的用户。如图2-5、图2-6、图2-7所示。

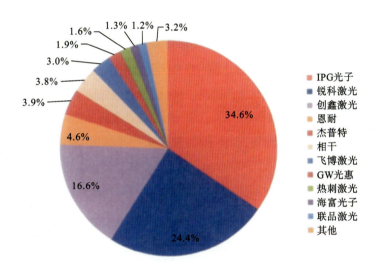

图2-5　2020年光纤激光器在华市场销售份额情况

锐科激光承担国家工业和信息化部"航天钛合金构件国产高档数控装备与关键制造技术应用示范"(编号2015ZX040022102,国拨经费173.15万元,自筹经费68.06万元)、"大尺寸三维多层面高功率高精度激光焊接装备"(国拨经费202.50万元,自筹经费472.50万元)、国防科技工业局"××发动机进气道/主动冷却结构增材制造示范生产线"(国拨经费1350万元,自筹经费0元)、"大幅面高精度激光选区融化成型装备"(国拨经费

图 2-6　光学模块生产线

图 2-7　泵浦源自动制造生产线

545万元,自筹经费1070万元)、"×××航空部件激光加工装备轻量化"(国拨经费2000万元,自筹经费0元)等项目,采用自主生产的高功率光纤激光器,实现了飞机钛合金后机身壁板激光焊接,在中国航空制造技术研究院、中国航天800所、中国科工集团3院31所等单位得到应用;在高强钢高压储气罐、钛合金舵翼、钛合金舱体等航天产品零件中全面应用,大幅度提升了产品的生产效率和合格率。基于自主研发的大功率光纤激光器焊接、切割成套装备,应用于长征系列火箭整流罩切割和燃料储箱焊接,已实现批量制造。如图2-8、图2-9、图2-10所示。

图2-8 长征系列火箭整流罩激光切割、焊接

西安增材制造国家研究院有限公司、西安铂力特公司采用湖北的大功率光纤激光器,应用于航空发动机等复杂部件3D打印,实现了国产高性能大功率光纤激光器在增材制造领域的应用。

超快光纤激光器的代表性公司为武汉安扬激光技术股份有限公司,该公司掌握了光纤种子激光源的产生和诊断,高功率、高能量、全光纤、保偏光纤放大器设计及光纤制造,波长转换技术等关键技术和部分生产所需核

图 2-9　飞机钛合金后机身壁板激光焊接

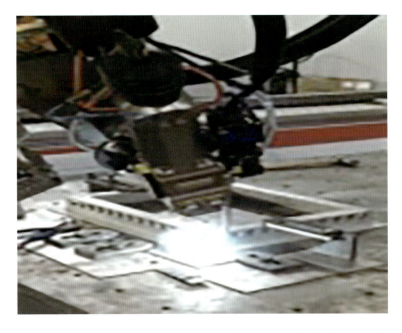

图 2-10　火箭燃料储箱激光焊接

心技术,结合自己设计制造的保偏增益光纤、光子晶体光纤等核心器件,已成功推出皮秒、飞秒脉冲光纤激光器和超连续谱激光器等系列产品,飞秒光纤激光器平均功率已达 1 kW,且开发出能进行超快激光传输的光纤跳线。产品的主要性能及指标均达到或超过国外同等产品水平,填补了国内同类产品的空白。

超快固体激光器的代表性企业为武汉华日精密激光股份有限公司,该公司牵头承担国家重点研发计划项目"工业级皮秒/飞秒激光器关键技术研究及产业化"项目(项目编号 2016YFB1102400,国拨经费 5118 万元,自筹经费 8000 万元),解决了锁模脉冲动力学过程中的时空稳定性、可靠性,放大过程中寄生震荡和自聚焦的抑制,全光纤飞秒激光器系统优化等问题;攻克了超快激光脉冲展宽压缩及时序控制技术,固体多级多程放大技术,大口径光纤啁啾脉冲放大技术,创新的时空整形及聚焦技术;实现了特种光纤、锁波长半导体激光器泵浦模块、光纤光栅、光隔离器等关键器件国产化;研制出 120 W 皮秒激光器和 40 W 飞秒激光器的工程样机;建设了 100 W 皮秒激光器和 35 W 飞秒激光器工业化产品线。已形成皮秒红外/紫外/绿光系列工业级皮秒激光器产品,通过 CE 认证,截至 2020 年 9 月,新产品已完成销售 456 台,获得苹果公司批量订单二百台以上,广泛应用于 iPhone、iWatch 等产品制程中,产品出口到欧美和日韩等国,进入全球第一梯队,如图 2-11 所示。

采用薄片激光增益介质是获得高光束质量、大脉冲能量、高平均功率超快激光器的最佳技术方案。目前世界上只有德国拥有该项技术,也只有德国通快(Trumpf)公司具备规模生产薄片激光器的能力。华中科技大学承担了国家重点研发计划战略性国际科技创新合作重点专项——"基于薄片增益介质的系列脉冲激光器合作研发"。通过与俄罗斯合作,解决了高破坏阈值、高导热性、大口径片状有源增益镜制造工艺、发明了共轭双抛物镜多程泵浦模块、引进了俄罗斯声光调制器技术(已实现产业化),攻克了调 Q 或腔倒空脉冲压缩技术、再生放大技术,采用全国产器件,研制出平均

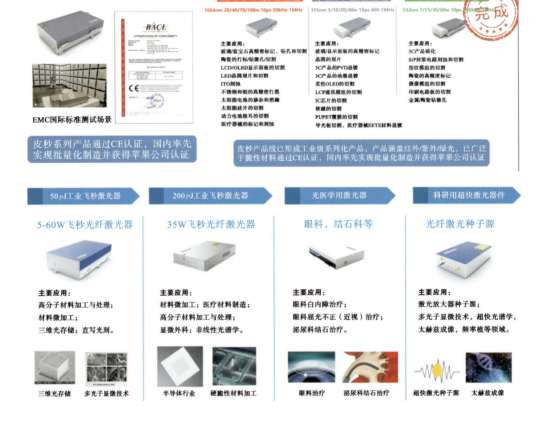

图 2-11　工业级皮秒/飞秒激光器产品研发成功并批量投产

功率 100 W、200 W、300 W，峰值功率 100 kW，单脉冲能量数十毫焦纳秒脉冲薄片激光器和平均功率 100 W、150 W、200 W，峰值功率 100 kW，单脉冲能量 1 毫焦皮秒脉冲薄片激光器等 6 台工程样机，技术指标国内领先，为系列脉冲薄片激光器的国产化和产业化奠定了技术基础，如图 2-12 所示。2019 年，获科技部火炬中心组织的中国创新创业大赛技术融合专业赛（苏州赛区）二等奖（第 2 名），如图 2-13 所示。

3. 湖北省半导体激光器技术现状

武汉锐晶激光芯片技术有限公司是湖北省"高功率半导体激光器芯

图 2-12 "用于薄片激光器的共轭成像多次泵浦技术及基础模块研究"获中国光学工程学会创新技术奖二等奖

(2017 年)

图 2-13 获科技部火炬中心组织的中国创新创业大赛技术融合专业赛(苏州赛区)二等奖

(2019 年)

片"的唯一生产企业,该公司在芯片设计、MOCVD外延生长、芯片制作及腔面镀膜等核心技术实现突破,拥有自主知识产权,实现了高功率半导体激光器芯片的国产化配套,项目技术成果达到国际先进水平,产品可替代进口,所研制的915 nm、976 nm等四种型号产品已为武汉锐科激光技术股份有限公司供货,后续推广应用前景广阔,经济效益和社会效益巨大。

基于武汉锐晶激光芯片技术有限公司生产的高功率半导体激光器芯片,武汉锐科激光已推出8 kW光纤耦合输出半导体激光器,光纤芯径1 mm,数值孔径0.22。

(三)下游:湖北省激光加工装备技术现状

1. 湖北省高功率激光装备技术现状

目前,能标准化、规模化生产高功率激光装备——大功率激光切割机、万瓦级光纤激光切割机的龙头企业是武汉法利莱切焊系统工程有限公司,提出了"像生产汽车一样"生产高端激光切割机的口号。万瓦级以下激光切割机的代表性企业为武汉华俄激光工程有限公司,其与俄罗斯进行技术合作生产的激光切割机的品质在行业中有较好口碑。

高功率激光应用设备更多的是针对应用行业,采用系统解决方案,为客户制造整条生产线。

例如在汽车生产线中,采用激光切割、焊接,可减轻汽车重量,提升汽车抗冲击强度,提高生产效率,降低生产成本。汽车生产线中的高端激光装备一直都被国外发达国家技术垄断。

华工激光研制的轻量化车身激光焊接生产线、成形车身机器人柔性切割生产线两类汽车行业发展急需的大功率激光加工装备,目前已装配了上汽通用、江淮汽车、中国一汽、中国二汽等生产线,共400余台(套),同时出口美、韩、新等多国。用户使用后的评价为"填补国内空白,性价比等方面优于国外";中国机械工业联合会鉴定结果是"技术创新明显,技术难度与复杂程度高,工程应用效果显著""总体技术处于国际先进水平"。打破了我国大功率激光三维高速切割装备被国外垄断的局面,带动了国产激光加工装备跨越式发展,支撑中国汽车产业的现代化制造。

车身大功率激光焊接生产线的主要技术指标:最大焊接速度 6 m/min、生产节拍最快 70 辆/min。高速三维五轴激光切割装备的主要技术指标:切割速度 30 m/min、B 柱切割节拍可达 40 s、机床定位精度 0.03 mm、摆动 ±135°。

继武汉华工激光工程有限责任公司 2015 年"汽车制造中的高质高效激光焊接、切割关键工艺及成套装备"获得国家科技进步奖一等奖后,华工法利莱切焊系统工程有限公司又攻克了大功率激光三维高速切割工艺、多轴切割关键部件、高速切割稳定性控制等难题,"大功率激光三维高速切割关键技术与高端装备"获 2018 年湖北省科技进步奖一等奖。如图 2-14、图 2-15 所示。

为满足市场对高端激光切割机的需求,必须提高生产效率,降低生产成本。华工激光攻克了高功率激光切割机规模制造技术,把智能制造融入激光加工装备,推动激光装备自动化、信息化和智能化,提出了流线化智造生产线,制定了高功率激光切割机产品技术标准,规范了生产流程,按照流水线形式组织生产,以智慧工厂为载体,以关键制造环节的智能化为核心,以数据流信息化为基础,实现了从单台制造向流水线规模制造的转变,实现了"像生产汽车一样"生产高端激光切割机的目标。生产场地从 5000 m² 扩大到 40000 m²,年产量从 500 台提升到 3000 台,实现了高质高效生产目标,年销售额从 8 亿元上升到 20 亿元。提升了高功率激光切割机的经济质量效益和核心竞争力,如图 2-16 所示。

从单台激光加工设备制造扩展到行业整体解决方案,实现了高质量发展。

将激光切割、焊接、标记等设备与其他数控制造设备,通过系列工业管

图 2-14 "汽车制造中的高质高效激光焊接、切割关键
工艺及成套装备"获得国家科技进步奖一等奖

(2015 年)

理软件连接起来,实现了各类金属材料料库的智能化生产和管理。不仅提升了钣金、重型机械等行业的生产效率和产品质量,还提升了中心学科交叉和创新能力,实现了从单台激光加工设备制造扩展到行业整体解决方案的转变,实现了高质量发展,成为新的利润增长点。2018 年至 2020 年内完成和承接行业整体解决方案项目 10 余项,新增技术性收入 10 亿元。如图 2-17、图 2-18、图 2-19、图 2-20、图 2-21、图 2-22、图 2-23 所示。

图 2-15 "大功率激光三维高速切割关键技术与高端装备"获湖北省科技进步奖一等奖（2018 年）

图 2-16 高端激光切割机规模生产线

某工程机械集团起重机臂架下料无人化生产线项目

图 2-17　智能化应用项目一

北京三一桩机下料单元MCS项目

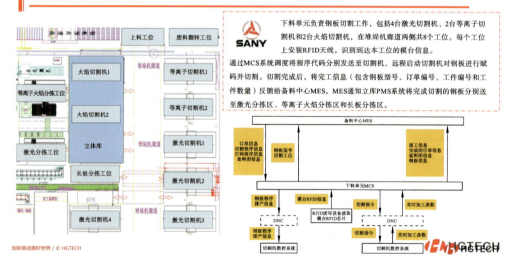

图 2-18　智能化应用项目二

扬州宝桥板单元智能化产线

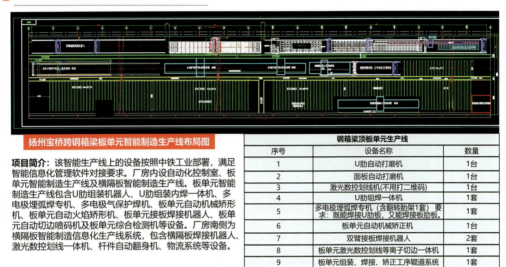

图 2-19　智能化应用项目三

武船重工钢箱梁板单元智能化车间

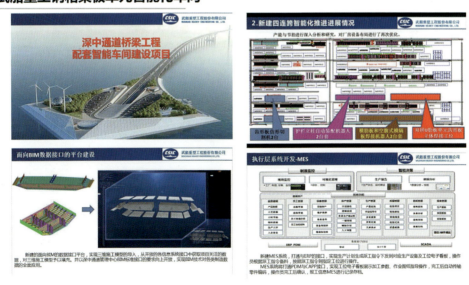

图 2-20　智能化应用项目四

▶ **桥梁行业钢箱梁板单元智能化车间**-智能下料加工生产线

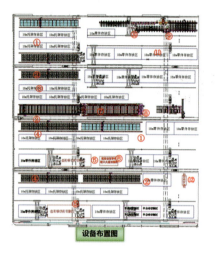

序号	设备名称	规格	数量
1	直条火焰切割机	6m×40m	2
2	数控等离子切割机	6m×40m	3
3	数控火焰切割机	6m×40m	1
4	激光切割机	6m×40m	2
5	齿形板仿形切割机	6m×24m	2
6	零件坡口切割机	6mX12m	1
7	数控划线号料机	6m×40m	1
8	门式砂带打磨机	12头	1
9	板肋铣边机	18m×500mm	1
10	R2倒角机	R2/3	1
11	板肋矫直机	0.5m×18m	1
12	数控四芯辊卷板机	20mm×500mm	1

设备布置图　　　　设备清单

图 2-21　智能化应用项目五

▶ **PVC管件工厂智能制造系统**-无人化车间自动包装整线解决方案

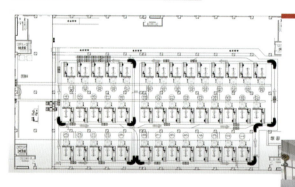

智能产线上，MES系统派工后，智能小车由AVG调度系统统一对产品进行智能收料、送料、自动倒料至后道包装线，产品的分拣、定位、激光赋码、视觉检测、摆盘、装箱等动作由机器人、AGV自动小车等自动化设备"一气呵成"

科学设计，精益制造，品质管理，达到柔性全自动化生产。

图 2-22　智能化应用项目六

▶ 某工程机械集团专汽分厂下料车间智能化应用项目

实现工厂下料线全过程的自动化、智能化连续生产。建立下料线智能化控制系统，通过生产线数据的实时采集与应用，实现从生产计划下达到产品最终完成的全自动生产过程的智能化管控。

本项目包含**备料线控制系统**（货箱备料线和搅拌筒备料线共用一套系统）的整线集成和两条备料线中**新增6台双头激光切割机、2台现有等离子设备改造、新增2台型材切割机设备**的设计、采购与安装，备料线切割机设备及控制系统实现与输送线对接。下料线输送及分拣系统实现钢板存储、自动上料和对中、辅助切割、清渣、分拣等功能。

图 2-23　智能化应用项目七

高功率半导体激光再制造装备集成了激光器、多轴联动数控加工机、光路系统、自动化可调合金粉末输送单元、全过程参数检测等，机器人的六轴加龙门机床的一轴，能满足大幅面任意曲面零件再制造的需求。移动式高功率半导体激光器与机器人结合，能满足更大幅面再制造成套装备要求。

高功率半导体激光再制造成套装备对汽轮发电机转子轴、重型机床转子轴（重量达几十吨甚至几百吨，长度在 7~8 m），直接在现场进行了表面修复，解决裂纹、变形、现场后处理工艺等难题，极大地降低了汽轮发电机发电成本；应用于东风模具、东风精冲等公司的汽车冲压模具、汽车主模具的现场修复，将报废模具"起死回生"，提高了贵重模具有效利用率；应用于武汉钢铁重工集团有限公司、中钢集团邢台机械轧辊公司的轧辊端部轴承修复，使磨损、腐蚀、冲蚀、氧化与烧蚀和疲劳裂纹以及误加工等损伤失效的工件或装备能有效再使用；应用于武汉凌云当阳飞机修理厂、襄阳中国人民解放军第5713厂，解决了飞机、航空发动机零件激光修复维修最棘手的开裂问题,修复的主要飞机零件有盘、环、封严件、轴、结构件、支撑件等6大类。

该装备还应用于量大面广的泵阀行业,为烟台华冷、北京天润恒远、昆山鑫昌泰模具、江西康盛压铸材料、枣庄弘大等用户进行了冷冻机阀门体、阀门芯修复,为激光修复设备的普及应用做出了贡献,形成了"资源—产品—废旧产品—再制造产品"循环经济模式。

"高功率半导体激光再制造成套装备及应用"获2019年湖北省科技进步奖二等奖,如图2-24所示。

图2-24 "高功率半导体激光再制造成套装备及应用"获湖北省科技进步奖二等奖(2019年)

华工激光牵头承担国家重点研发计划项目"高效智能激光强化装备研制及在铁路、航空领域关键部件上的示范应用"(项目编号2016YFB1102700,国拨经费2010万元,自筹12000万元)。研究出超高能、高效、可控性强的激光强化新工艺和新装备,满足了钢轨易损部位、飞机结构件、航空发动机叶盘/叶片等关键零部件的表面强韧性和抗疲劳要求。项目验收专家认为"对钢轨激光强化,开发了轨迹规划与温度闭环等多参数控制技术、宽光斑激光淬火技术,研制了离线和在线轨道激光强化装备,铺轨示范应用的轨道使用寿命提升 11 倍",在大秦铁路股份有限公司太原南工务段进行铺轨示范,该成果属国际首创,获科技部滚动支持 300 万元(项目编号 SQ2020YFF0426409)。为激光加工设备在铁路领域的应用,奠定了技术基础,如图 2-25、图 2-26 所示。

图 2-25　激光铁轨强化在线设备

2. 湖北省中小功率激光装备技术现状

将使用平均功率 1 kW 以内的激光器为光源的激光应用装备定义为中小功率激光装备。能标准化、规模化生产的中小功率激光装备是激光打标机,代表性的企业为武汉创恒激光公司,2021 年深圳市海纳激光科技有限公司在湖北咸宁投资 6000 万元成立湖北海纳激光智能装备有限公司,总

图 2-26 激光强化轨道现场测量磨损量

建筑面积 26000 m^2,年产各类激光打标机达 3000 台。

在 3C、5G 相关行业中,玻璃、陶瓷等材料向"更硬""更脆"的方向变化,激光微纳加工已经替代传统加工方式,实现激光切割、打孔、焊接、标记、微纳结构和去除五项全激光的加工工艺,达到加工效率和效果双提升。针对柔性材料,大尺寸、高精度的激光微纳加工已成为不可替代、甚至是唯一可行的加工工具,实现激光切割、钻孔、剥离、标记、退火和去除的全激光加工工艺,未来加工要求更高,微纳加工将不断优化。基于紫外和超快激光器的激光精密微细加工设备正呈现标准化、规模化生产的趋势。龙头企业为武汉华工激光工程有限责任公司(简称华工激光),典型产品有紫外精密激光切割机、纳秒激光焊接机、自动送丝锡焊机、全自动皮秒激光玻璃单头/双头切割设备等。这些激光设备的整体技术性能已达到国际同类产品性能指标,但其关键核心部件和器件,还需进口。

华工激光承担多个国家重点研发计划项目课题,"面向 IC 的超快激光高精密切割技术与装备"(项目编号 2018YFB1107703,国拨经费 498 万元,自筹经费1645万元)、"基于多参量调控的飞秒激光超精细微圆孔制造装备研发及应用"(项目编号2018YFB1108002,国拨经费190万元,自筹经费540万元)、"智能产线、产品、关键工艺和环境多场建模仿真分析、在线监测及工艺参数优化"(项目编号2019YFB1704602,国拨经费54.89万元)、"纤维增强材料激光并行制造工艺及装备"(项目编号2018YFB1107503,国拨经费339万元,自筹经费800万元)、"基于超快激光器的加工装备及工艺"(项目编号2016YFB1102405,国拨经费511.8万元,自筹经费1600万元),这些项目的研究成功解决了硬脆材料(陶瓷、玻璃、晶圆等)和纤维增强材料的精密切割、打孔、刻蚀、开槽等工艺,还解决了飞秒激光玻璃焊接、玻璃毛化工艺,工艺水平与国际并跑,为激光精密加工设备在印刷电路板、芯片、显示器、3C电子、5G通信等行业的规模应用,奠定了技术基础。如图2-27、图2-28、图2-29、图2-30、图2-31、图2-32、图2-33所示。

图 2-27　半导体晶圆激光隐切设备
(2018YFB1107703课题成果)

图 2-28 半导体晶圆激光开槽设备
(2018YFB1107703 课题成果)

图 2-29 飞秒激光超精细打孔平台
(2018YFB1108002 课题成果)

图 2-30　PCB 缺陷在线检测平台
（2019YFB1704602 课题成果）

图 2-31　复合碳纤维材料激光并行加工设备
（2018YFB1107503 课题成果）

图 2-32　航空航天金属材料激光加工设备
（2016YFB1102405 课题成果）

图 2-33　电子行业硬脆材料激光加工装备
（2016YFB1102405 课题成果）

华工激光承担国家发展改革委员会"柔性 OLED 显示面板激光剥离装备产业化项目"(国拨经费 3000 万元,自筹经费 9000 万元),攻克了紫外激光玻璃工艺、大尺寸高均匀性整形光斑核心技术,研制出柔性 OLED 显示面板激光剥离装备,实现了用固体紫外激光器代替准分子激光器用于柔性 OLED 显示面板激光剥离,主要技术指标:激光波长 343(308) nm,脉宽小于 24 ns,光束不均匀性优于 3%,最大加工尺寸 1500×925 mm,解决了显示器行业的"卡脖子"技术,为进一步产业化奠定了技术基础,如图 2-34 所示。

图 2-34　柔性 OLED 显示面板激光剥离工艺平台

华工激光承担国家发展改革委员会"激光精密微纳加工智能装备产业化项目"(专项经费 825 万元,自筹经费 14539 万元),研发的激光玻璃切割设备、激光陶瓷切割设备、激光精密标记设备、激光精密焊接设备应用于苹果公司、蓝思科技、富士康,替代了传统的刀具切割、打孔和焊接设备,使相关产品质量提升 20%,生产效率提升 25%。如图 2-35、图 2-36、图 2-37、图 2-38 所示。

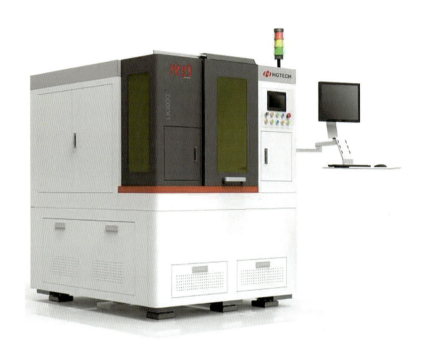

图 2-35　全自动玻璃激光单头/双头激光切割机

图 2-36　陶瓷全自动激光打孔设备　　图 2-37　激光二维码/字符
　　　　　　　　　　　　　　　　　　　　　　自动精密标记设备

图 2-38　金属双极板激光焊接生产线

激光增材制造是技术和市场发展的热点,华中科技大学在复杂零件整体铸造的型(芯)激光烧结材料制备与控形控性技术中攻克了三个难题:(1)高性能型(芯)SLS粉末及制备方法;(2)复杂型(芯)SLS过程在线测量与形性调控方法;(3)复杂零件整体铸造的变形、夹渣和孔松等定量预测与工艺优化方法。

基于上述创新成果,创建高性能复杂零件的整体铸造成套技术,突破了航空发动机机匣、航天发动机涡轮泵等高性能复杂零件的整体铸造难题,如图2-39、图2-40所示。专家鉴定"总体技术达到国际先进水平,部分指标国际领先"。成果应用于中国航空发动机集团、西安航天发动机有限公司等国内外数百家单位,取得了显著的经济效益和社会效益,引领了我国铸造行业技术进步,大幅提升了国际竞争力。

使用该技术制造的航空发动机机匣,孔松缺陷从90%下降到20%,铸件精度从CT9上升到CT7或CT6,生产效率提升6倍,重量下降30%,已应用于系列航空发动机的研制、装机和批量生产。

使用该技术制造的航天发动机高强不锈钢涡轮泵壳体和离心轮制

图 2-39 典型应用 1

图 2-40 典型应用 2

造,孔松缺陷下降30%,精度从CT8上升到CT6或CT5,涡轮泵扬程提升2.9%,效率提升1.2%,已应用于系列航天发动机的研制、装机和批量生产。

"复杂零件整体铸造的型(芯)激光烧结材料制备与控形控性技术"获2018年国家科学技术进步奖二等奖,如图2-41所示。

图2-41 "复杂零件整体铸造的型(芯)激光烧结材料制备与控形控性技术"获国家科学技术进步奖二等奖

(2018年)

(四)湖北省激光领域国际合作现状

湖北武汉中俄科技合作中心(以下简称中俄中心)是2006年12月由湖北省科学技术厅、湖北省外国专家局、武汉东湖新技术开发区管委会、武汉市科技局及省内相关单位联合发起,湖北省科学技术厅发文批准成立的对外科技合作平台。为进一步促进湖北省激光行业与俄罗斯激光行业的交流与合作，华中科技大学于2007年成功申报科技部和国家外专局国家级国际联合研究中心——新型大功率激光器研发中心（国科发外字[2007]746号），如图2-42所示。

图 2-42　华中科技大学年成功申报科技部和
国家外专局国家级国际联合研究中心
（2007年）

为保障对俄科技合作工作的持续性，实现自我造血功能，由中俄中心作为主要发起单位，2013年7月在武汉东湖新技术开发区注册成立了"武汉激源技术服务有限公司"作为中俄中心的实体运营单位，主要业务如下：

（1）组织、协调和推进湖北省和俄罗斯间的科技项目和活动；

（2）促进湖北省与俄罗斯在科技、工业和商贸领域的合作；

（3）促进湖北省与俄罗斯之间的人才和专家交流；

（4）为相关机构提供必要的服务；

（5）开展湖北省与俄罗斯之间合作相关的其他业务；

（6）孵化有前景的科技项目、提供投融资服务，工作地域在俄罗斯、乌克兰及其他欧洲国家。

十五年来，在湖北省科技厅的指导和支持下，湖北省中俄中心连年执行承办武汉光博会期间举行的"中国光谷国际激光峰会"，已连续办了十三届，同时组织俄罗斯光电技术代表团参加"中国光谷"国际光电子博览会暨论坛。每年亦组织湖北省光电代表团访问俄罗斯，参加莫斯科光子展，并与俄罗斯激光协会共同在莫斯科举办"中俄激光技术与产业论坛"。积极配合省市领导访俄代表团工作，做好公务联络服务事宜。至今已邀请400余人次俄罗斯激光、光电子领域高级专家及大批光电企业、院所到访湖北，开展技术交流和联合研发工作，实施合作项目30余项，建立中俄合资企业7家，引进了激光切割成套设备，引领了中国激光行业的发展，现在激光切割总销售额300亿元，引进了光电和激光核心器件技术、声光器件和碟片激光器，取得丰硕成果，是我省开展对俄科技合作的主要窗口单位。如图2-43、图2-44、图2-45所示。

与俄罗斯激光行业协会签订合作协议
俄罗斯激光行业协会拥有激光器研发和生产单位1000余家，是俄罗斯激光领域学术交流和给政府提供咨询的主要机构。

图2-43　第七届"中国光谷"国际光电子博览会

与德国柏林-勃兰登堡激光行业协会签订合作协议

德国柏林-勃兰登堡激光行业协会拥有激光器研发和生产单位400余家，会员主要以激光零部件研发和生产的中小型企业为主，是德国激光系统集成企业的主要零部件供应商。

图 2-44　第二届国际激光技术与产业化论坛暨光谷激光产业基地信息发布会

为推进中法激光领域的合作，阿基坦大区派了一名专员——BOYER BALTHAZAR，长期在本研发中心办公。

与法国阿基坦大区激光之路签订合作协议

法国阿基坦大区激光之路拥有激光器研发和生产单位100余家，会员主要以超短脉冲激光器研发和生产的企业为主，欧洲"激光核聚变试验装置"就在该地。

图 2-45　与外商签订合作协议

案例一

武汉华俄激光工程有限公司（以下简称华俄激光）2008年成立于武汉·中国光谷，是中国第一家中俄激光技术合作的国家高新技术企业。经过13年的发展，公司有两个现代化工厂，占地面积近50000 m²。获得70项国家专利，20多项新技术获得国家、省市科技成果奖；团队获得中国创新创业大赛湖北赛区二等奖。企业研发中心被湖北省科技厅认定为"湖北省校企共建研发中心"，被武汉市科技局认定为"武汉市企业研发中心"和"武汉市激光智能制造企校联合创新中心"。公司自主研发的"中小功率固体激光切割机项目"获得湖北省科技进步奖二等奖；俄罗斯籍技术专家西里切夫·奥列格博士与塔拉索夫·亚历山大博士分别荣获"湖北省外国专家编钟奖"，如图2-46所示。2019年，公司5大产业化项目——激光切割机、激光切管机、激光焊接机、激光修复等产品和自动化生产线成套设备，年销售额1.8亿元人民币。旗下产品远销全球60多个国家和地区，受到客户广泛好评。

入股的俄罗斯专家分别获2013年、2014年湖北省人民政府颁发的"编钟奖"

图2-46 俄罗斯籍技术专家西里切夫·奥列格博士与塔拉索夫·亚历山大博士分别荣获"湖北省外国专家编钟奖"

案例二

武汉市威佳激光有限责任公司(以下简称威佳激光)成立于 2017 年 3 月,是由武汉市瑞昇泰克科技有限公司、武汉光谷人才创业投资合伙企业及俄罗斯籍自然人合资成立的有限责任公司,公司注册地为中国(湖北)自贸区武汉片区光谷二路 219 号鼎杰现代机电信息孵化园一期 14 栋 2 层 01 号,主营业务为激光声光调制器件的研发生产,公司具有完全自主知识产权,目前已拥有发明专利 3 项、实用新型专利 2 项,外观专利 2 项。公司技术团队包括俄罗斯斯特尔马赫极点科学研究所、华中科技大学等科研院所的教授专家,其中博士 4 人、硕士 2 人、高级工程师 1 人,资深职业经理 1 人。由于声光调制器件技术壁垒高,市场完全由国外企业如英国古奇公司、法国 AA 公司垄断,公司的成立,对于打破国外垄断,完善激光产业链具有重大意义,入股的俄罗斯专家获东湖高新区 3551 人才项目支持,如图 2-47 所示。目前产品已通过清华大学、华中科技大学、武汉华日精密激光

图 2-47　俄罗斯专家获东湖高新区 3551 人才项目支持

股份有限公司、长春新产业光电技术有限公司、武汉三工光电设备制造有限公司、武汉中谷联创光电科技股份有限公司等单位测试及试用,产品指标媲美国外同类产品。已累计投入1000余万元。

湖北激光产业链上市公司

(一)湖北激光产业代表性上市公司

1. 武汉华工激光工程有限责任公司

1)公司概况

武汉华工激光工程有限责任公司(以下简称华工激光)是华工科技产业股份有限公司(股票代码000988)的核心全资子公司,是中国激光工业化应用的开创者、引领者,全球激光加工解决方案权威提供商。华工激光全面布局激光智能装备、量测与自动化产线、智慧工厂建设,为智能制造提供整体解决方案。

华工激光深刻把握制造业发展趋势,不断丰富产品和解决方案,坚持探索自动化、信息化、智能化与制造业的融合,为各行业提供包括全功率系列的激光切割系统、激光焊接系统、激光打标系列、激光毛化成套设备、激光热处理系统、激光打孔机、激光器及各类配套器件、激光加工专用设备及等离子切割设备,以及自动化产线、智慧工厂建设整体方案。

华工激光积极投身现代工业浪潮,承担了激光领域大部分国家重点项目和重大科技攻关项目,针对市场需求和应用场景,丰富"光制造"内核。华工激光将激光技术使能与物,促进物与物、人与物高效连接,实现无障碍的信息共享。服务科技创新,华工激光不断拓宽激光与智能制造的边界,打通行业壁垒，让激光技术和智能制造解决方案成为驱动人类生产、赋能社会服务的先进工具和理念。

- "激光＋智造"聚焦一切可能

从激光智能装备，到自动化产线、智慧工厂，为满足各领域、多场景客户实际需求，华工激光不断丰富产品和解决方案，延伸智能制造价值链，满足各领域客户实际需求，在3C电子、5G通信、钣金加工、新能源、机械制造、汽车制造、桥梁船舶、轨道运输、医疗、日用消费品、家用电器、航空航天等诸多领域，持续拓展"激光＋智造"的服务空间。

- 创新的华工激光

工业化发展的动能，源自生产力变革的需求，也离不开前沿研究的引领。1971年，伴随着中国第一个激光专业班的诞生，华工激光开启了半个世纪的技术积淀。

五十年与中国激光发展同频共振，华工激光深知任何一门学科都需要经过实践的检验，任何一项成熟的技术和解决方案也必须经过市场的检验。在激光装备、自动化、智能制造等诸多领域，华工激光始终坚持技术突破、科技创新；从核心单元技术到系统解决方案，华工激光以深厚的技术积淀和前瞻的研究布局助力建设"智造"世界。

- 用户至上的华工激光

依靠前瞻性的工艺研究、全系列的产品体系、高效的交付响应和完善的售后体系，华工激光为客户提供专业、及时的服务，充分满足客户的生产需求。

华工激光在国内拥有6万余平方米的研发及中试基地，6大区域技术中心为客户提供专业、及时的工艺服务。

华工激光在国内拥有10万余平方米的智能制造生产基地，24小时×365天满足批量交付需求。

- 海外研发中心

加拿大多伦多超快激光器研发中心，美国硅谷激光应用研发中心，德国汉堡智能制造研究中心,澳大利亚墨尔本高功率激光装备研发中心,都是华工激光的海外研发中心。

- 走向世界的华工激光

华工激光坚持开放包容、互惠共享的全球化战略,在国内外拥有完善的市场服务体系,国内设有办事处 40 余个;在美国、澳大利亚、印度、韩国、巴基斯坦、越南、菲律宾,以及中国台湾等国家和地区均设有销售和服务机构,在英国、德国、波兰、匈牙利、意大利、阿根廷等国家均配备完善的代理体系,可为全球客户提供专业、高效的服务。

2) 发展历程

- 1971 年

华中工学院激光科研组成立。

- 1978 年

华中工学院完成的激光焊接机项目获得"全国科学大会奖"。

- 1984 年

5 kW CO_2 激光器通过国家鉴定,由此确立了华中工学院在中国激光领域的领先地位。

- 1988 年

国内首台 10 kW CO_2 激光器通过鉴定,使我国万瓦级 CO_2 激光器进入世界 6 强。

- 1989 年

激光技术国家重点实验室在华中理工大学建成。

- 1994 年

激光焊接产品开始批量工程应用。

- 1995 年

激光加工国家工程研究中心在华中理工大学建成。

- 1996 年

激光热处理产品开始批量工程应用。

- 1997 年

由华中理工大学激光加工国家工程研究中心整体改制成立"武汉华工激光工程有限责任公司"（简称华工激光）。

- 1998 年

大型轧辊激光淬火设备产品开始批量工程应用。

- 1999 年

以华工激光为核心产业，设立"华工科技产业股份有限公司"。

- 2000 年

华工激光收购世界著名数控激光切割机制造企业 Farley Laserlab；华工科技在深交所挂牌上市，股票代码 000988；如图 2-48 所示。

图 2-48　华工科技 3000 万 A 股在深交所挂牌交易（2000 年）

- 2001 年

世界首台双盘水松纸激光打孔机问世。

● 2002 年

圆满完成国家 863 计划项目"百瓦级全固态激光器关键技术及产业化"并通过国家验收。

● 2003 年

大型激光轧辊毛化成套设备在钢铁行业大批量应用；在国内激光同行中率先通过了 ISO9000 质量管理认证和国际 CE 认证；研制出我国首台光纤激光打标机；研制出我国首台大型带材在线式成套焊接装备并应用，成为世界上第 4 家能生产此类设备的企业；与日本 FME 公司合资生产半导体泵浦激光打标机。

● 2004 年

高性能数控激光切割机实现国产化，并成功推向市场。

● 2005 年

第三代高性能数控激光切割机进入美国市场。

● 2006 年

华工科技获国家级"企业技术中心"荣誉称号。

● 2007 年

自行研发成功具有自主知识产权的晶圆紫外激光划片机；自行研发成功 10W 脉冲光纤激光器。

● 2008 年

华工科技军用激光技术研究所成立；华工激光成为国家标准秘书处单位，牵头制定相关国家标准；通过环境体系认证和职业健康安全认证；国家"十一五"科技支撑项目"工业激光器及其成套设备关键技术研究与示范"正式启动；"华工激光"获评"2008 年湖北省著名商标"；"25W 脉冲/100W 连续光纤激光器"通过湖北省科技厅成果鉴定。

● 2009 年

推出三维激光切割机，打破国外对汽车行业的应用垄断；牵头成立国家激光加工产业技术创新战略联盟，如图 2-49 所示；自主研制开发的"LED

图 2-49　国家激光加工产业技术创新战略联盟揭牌仪式
（2009 年）

蓝宝石衬底激光划片机""薄膜太阳能电池激光划线系统"，通过了湖北省科学技术厅组织的科技成果鉴定。

- 2010 年

代表中国激光企业出席 IEC 年会及 TC76 光辐射安全和激光标准化年会，参与激光国际标准制定工作；牵头成立"全国光辐射安全与激光设备标准化委员会大功率激光器应用分技术委员会"，制定相关国家标准；推出 Contour WalcFabricator XRP 三种大型切焊设备。

- 2011 年

激光加工国家工程研究中心徐州高新区分中心兼华工激光徐州展示中心隆重成立，如图 2-50 所示；华工激光法利莱普纳泽"Fabricator XRP 钻铣切数控复合加工中心"项目顺利通过科技成果鉴定；华工激光参与第 75 届 IEC 年会，提出中国激光行业首项国际标准议案；华工激光发展提速，深圳子公司隆重开业；华工激光开发出国内首台机器人半导体激光移动修复系统，将应用于中海油海洋石油钻井平台；华工激光"十一五"国家科技支撑计划"工业激光器及其成套设备关键技术研究与示范"项目顺利通过科学技术部验收，如图2-51所示。

图2-50　激光加工国家工程研究中心徐州分中心兼华工激光徐州展示中心隆重成立（2011年）

- 2012年

华工激光高档数字化激光柔性制造设备产业化基地竣工投产；国家科技支撑计划"高速、高精、大幅面、破口、激光切割加工技术与设备"项目完成验收；华工激光研发的国内首套数控激光切管生产线在三一重工股份有限公司全面投产；国家重大科技项目"华工激光法利莱——武钢项目"顺利通过验收；华工激光万瓦光纤激光器工艺加工中心全面建成；华工激光主导"国家激光加工产业技术创新战略联盟"。

- 2013年

全球著名自动化控制产品制造提供商美国Honeywell公司与华工激光签订了一台精密激光修调设备采购合同，标志着华工精密激光修调机正

图 2-51 "十一五"国家科技支撑计划"工业激光器及其成套设备关键技术研究与示范"项目验收
（2011 年 6 月 10 日）

式进入美国市场。

- 2014 年

6 月 4 日,经武汉市工业总会、武汉质量协会和长江日报社共同商议决定,首次对武汉制造业中的"全国第一"项目予以表彰。其中华工激光研制出的国内首台双盘水松纸激光打孔机,国内首台钻、铣、切一体化复合加工中心和国内首条全自动化数控激光切管生产线三个项目获奖。

同年,武汉武钢华工激光大型装备有限公司（以下简称武钢华工激光公司）通过了高新技术企业认定审查,获得由湖北省科学技术厅、湖北省财政厅、国家税务总局湖北省税务局、湖北省地方税务局联合颁发的《高新技术企业证书》,这是政府主管部门对公司技术创新能力以及产品科技含量等方面的肯定。

同年,武钢华工激光公司组织申报的"半导体激光机器人柔性加工设备 WHGL-D030"项目成功入选 2014 年国家重点新产品计划。新产品计划由国家科学技术部、国家生态环境部、国家商务部、国家质量监督检验检疫总局共同组织实施,并由科学技术部与有关部门联合颁发国家重点新产品证书。

同年,武钢华工激光公司研制的"光纤激光无序毛化设备产业化"荣获国家火炬计划产业化示范项目。

同年9月22日,第五届全国杰出专业技术人才表彰暨专业技术人才工作会议在北京召开。会上,中共中央政治局常委、中央书记处书记刘云山等会见了与会代表。华工科技产业股份有限公司激光加工国家工程研究中心获得"专业技术人才先进集体"殊荣。

- 2015年

由华工激光参与建设的"激光加工国家工程研究中心京津冀区域中心"在沧州市挂牌成立,推动了激光技术在相关产业的推广和应用。

同年,华中科技大学完成的"汽车制造中的高质高效激光焊接、切割关键工艺及成套装备"荣获国家科技进步奖一等奖,这也是湖北省高校作为第一完成单位获得的首个国家科技进步奖一等奖。

同年11月16日,由华工激光牵头,锐科激光、武汉法利莱公司和华中科技大学共同承担的"高档数控机床与基础制造装备"科技重大专项"4kW全光纤激光器"课题通过了由国家工业和信息化部组织的项目技术验收。

同年12月31日,由武汉华工激光工程有限责任公司和武汉锐科光纤激光技术股份有限公司共同承担的国家科学技术部"十二五"支撑计划"面向汽车与航空产业发展的装备及自动化生产线应用示范"的课题二"智能化激光装备在汽车制造中的应用研究与示范"通过了由湖北省科学技术厅组织的项目验收。

- 2016年

华工激光落户激光加工国家工程研究中心淮海区域中心;华工激光"超薄玻璃面板复合激光加工技术及量产设备研发团队"成功入选2015年湖北省科技创新战略团队项目;由华工激光、华日激光牵头申报的"十三五"国家重点研发计划专项"工业级皮秒及飞秒共性关键技术研究及产业化"和"高效的激光强化在铁路航空领域的示范应用"项目正式启动;华工激光进军自动化领域,成立苏州华工自动化科技有限公司;华工激光产品被授予2016年度湖北名牌荣誉称号。

- 2017年

华工激光推出中国首套高强钢热成形线专用三维五轴高速激光切割机-AUTOBOT(奥博)系列;华工激光自主研发的MARVEL6000系列数控光纤激光切割机亮相武汉国际光电博览会。

华工激光最先研制推出的面板异形激光切割机实现全自动、全国产化,华工激光拥有全部知识产权,主要部件全部自主开发,采用自主研发的皮秒激光器,实现了批量销售,改变了以往在显示面板行业的激光设备依赖进口的局面。

由华工激光参与建设的"激光加工国家工程研究中心西北区域中心"在宝鸡市挂牌成立,激光加工国家工程研究中心布局全国的步伐进一步加快。该中心建有激光应用工程示范展示、激光工艺研发、技能培训等模块,可实现激光应用工程示范、客户交流、工艺研发等多重功能,可为宝鸡乃至西北地区工业领域提供全面的激光制造加工解决方案,研发各类激光加工设备、产品。

- 2018年

华工激光参与科学技术部重大项目国家重点研发计划"增材制造与激光制造"专项"超快激光高精密去除技术与装备"(武汉大学牵头),参与"基于多参量调控的飞秒激光超精细微圆孔制造装备研发及应用"(西安中科微精光子制造科技有限公司牵头),参与"面向制造业的大功率半导体激光器"(长光华芯光电技术有限公司牵头),参与"带电粒子催化人工降雨雪新原理新技术及应用示范"(华中科技大学牵头)等项目的研发;主持"纤维增强材料激光并行制造工艺及装备","面向IC的超快激光高精密切割技术与装备"等项目的研发。

华工激光主持工业与信息化部重大项目电子信息产业技术改造工程

"第6代柔性AMOLED生产线智能制造新模式应用"和"柔性OLED显示面板激光剥离加工装备产业化项目"等项目的研发。

华工激光主持湖北省科学技术厅项目显示面板重大专项"柔性OLED面板激光切割装备的研发与应用";技术创新专项(重大项目)"65W绿光/30W紫外工业级皮秒激光器","超快激光种子源技术在微电子工业的应用研究","湖北省超快激光器及激光高精密微纳加工工程技术研究中心","面向新能源汽车铝合金车身激光焊接成形关键技术研究(2018AAA027华科大)","柔性OLED屏激光精密切割高价值专利产业化项目"等项目的研发。

- 2019年

华工激光主持科学技术部重大项目制造基础技术与关键部件"模具高效清洁热处理技术示范应用",网络协同制造和智能工厂专项"基于工艺过程多长建模仿真的电子产品大批量高速高精密智能制造产线集成技术"的研发。

华工激光主持工业与信息化部重大项目高档数控机床与基础装备(04专项)"冲压发动机微细结构和精密微孔飞秒激光加工工艺研究","基于国产高功率光纤激光器和机器人的白车身焊接自动化生产单元示范工程";高质量发展专项"2019年智能制造系统解决方案供应商"的研发。

华工激光主持湖北省科学技术厅重大项目湖北省中国科学院科技合作专项"大厚度铝合金复合焊关键技术研究"。

华工激光主持武汉市科学技术局科技成果转化专项"汽车复杂构件大功率激光三维切焊技术研发及成果转化"的研发。

- 2020年

华工激光主持科学技术部重大项目科技助力经济2020重点专项"高效智能激光强化装备研制及在铁路、航空领域关键部件上的示范应用滚动支持项目"的研发。

华工激光主持工业与信息化部重大项目2020短板装备项目"航空航天纤维增强树脂基复合材料飞秒激光切割装备"的研发。

华工激光主持湖北省科学技术厅项目重大技术创新项目"基于光场调控的激光精密微细制造装备研发及应用示范",省重点研发计划(第二批)"高端亚纳秒 532 nm 激光器及其高透明玻璃激光三维切孔装备研发",省智能制造试点示范项目"智能钣金生产线",省高新领域重点研发计划(第二批)"切割落料用高档数控系统智能化控制技术研究"和省重大技改示范项目"OLED 切割设备技改示范项目"的研发。

2. 武汉金运激光股份有限公司(股票代码 300220)

1)公司概况

武汉金运激光股份有限公司(以下简称金运激光)成立于 2005 年,2011 年在深圳证券交易所创业板上市,系数字技术商业化应用解决方案供应商。

金运激光作为数字化激光应用解决方案提供商,针对皮革、布料、纸张等非金属柔性材料推出激光数码印花、数码标签等系列激光设备,应用领域涉及皮革鞋材、纺织服装、地毯、汽车内饰、家具、装饰、广告工艺等,研发出了集 CAD 设计、智能排料、快速抄版、视觉对位、激光切割、打标划线、雕花打孔于一体的柔性材料激光加工全套解决方案。

金运激光的裁床系列目前已形成规模化生产,拥有众多国内外忠实客户,而且由于高技术含量和独特的创新性,金运裁床被清华大学、浙江大学、青岛大学、华中科技大学、东北师范大学、北京工业大学、武汉纺织大学等高等学府选为教学实验机型。2019 年"武汉金运激光股份有限公司技术中心"通过湖北省省级工业设计中心认定公示。

2)企业文化

质量是企业生存的基础,信誉是企业存在的灵魂,服务是企业发展的保障,创新是企业壮大的源泉,以好的服务让客户满意是我们永恒不变的工作标准。面对新的市场竞争环境,金运将秉承"团结、创新、诚信、服务"的企业精神,热情为客户服务,协助客户实现目标。

3）发展历程

● 2002 年

金运服装激光裁剪机开发成功，国内外市场好评如潮。

● 2003 年

振镜系列产线正式成立，成功研发金运品牌激光电源系统。

● 2005 年

大幅面切割机履带式工作台投产，标志着用切割机进行全面自动化的生产成为可能。

● 2006 年

历时三年开发成功嵌入脱机数控系统，使激光机实现了 U 盘对拷，拥有网口传输、多机联网、多种数据传输接口。

● 2007 年

激光绣花一体机震撼登场，实现了电脑绣花与激光切割的结合。超大振镜幅面的三维动态聚焦大幅振镜雕花机在金运问世。

● 2008 年

进入工业面料行业，参加过滤行业展得到一致好评。

● 2009 年

针对卷材加工的自动雕花打孔机首创推出；自制射频激光器问世。

● 2010 年

进入金属切割打标领域，vtop 光纤激光设备子公司成立。

● 2012 年

针对数码运动服行业研发的飞行扫描识别系统成功问世。

● 2013 年

数字化技术中心成立。

● 2014 年

金运美国、越南销售与服务中心正式成立。

- 2016 年

金运独创全能视觉系统搭载双头异步互移系统正式发布,成功应用于皮革鞋材领域。

- 2017 年

金运 MES 智能车间管理系统研发成功并投入工厂使用。

- 2018 年

金运智能视觉定位多功能一体机研发完成;双头异步加喷墨系统开发完成并交付使用。

- 2019 年

推出智能划线切割机。

3. 武汉锐科光纤激光技术股份有限公司(股票代码 300747)

1) 公司概况

武汉锐科光纤激光技术股份有限公司(以下简称锐科激光)是一家专业从事光纤激光器及其关键器件与材料的研发、生产和销售的国家火炬计划重点高新技术企业,拥有高功率光纤激光器国家重点领域创新团队和光纤激光器技术国家地方联合工程研究中心,是有全球影响力的,具有从材料、器件到整机垂直集成能力的光纤激光器研发、生产和服务供应商。锐科激光主营业务包括为激光制造装备集成商提供各类光纤激光器产品和应用解决方案,并为客户提供技术研发服务和定制化产品。

锐科激光主要产品包括 10 W～2000 W 的脉冲光纤激光器;10 W～30000 W 连续光纤激光器;75 W～450 W 准连续光纤激光器;80 W～8000 W 直接半导体激光器等,产品广泛应用于激光制造如打标、切割、焊接、熔覆、清洗、增材制造等领域;超快激光器方面主要产品包括 10 W～20 W 纳秒激光器,2 W～100 W 红外皮秒激光器,5 W～50 W 绿光皮秒激光器,5 W～30 W 紫外皮秒激光器,1 W～20 W 飞秒激光器等,广泛应用于激光制造,如显示和面板玻璃切割、汽车玻璃切割、FPC 覆盖膜切割、5G

LCP 切割、OLED 柔性显示材料切割、LED 晶元切割、半导体芯片切割等应用。

锐科激光作为国内光纤激光器龙头企业,面对行业发展出现的机遇期,公司充分发挥自身的产业链垂直整合优势、技术优势和品牌优势,通过积极开展质量提升专项工程、保障产品质量,加强成本管控,有效提升整体经营效率,同时采取持续加大研发投入、加大智慧工厂的自动化建设等措施,巩固了公司在国内激光器市场的龙头地位。公司积极布局高功率和超快激光器领域,进一步拓展公司成长空间。公司高功率激光器技术已达到国际领先水平,在国内市场正逐步替代海外主要激光器厂商的产品,公司整体销售维持增长态势。在超快激光器领域,市场销量逐步提升,产品技术不断完善,未来将为公司经营业绩注入动力。

2) 发展历程

- 2007 年

闫大鹏博士回国,与华工科技合资创立了武汉锐科光纤激光技术有限责任公司(锐科激光),并受聘为华中科技大学光电国家试验室兼职教授、博导,开启了中国工业光纤激光器国产化、产业化的进程。

- 2008 年

锐科激光推出 10 W 脉冲光纤激光器产品,并开始承担光纤激光器有关的国家科技支撑项目和国家重大专项;公司研制的 25 W 脉冲光纤激光器、100 W 连续光纤激光器,通过湖北省科学技术厅科技成果鉴定。

- 2009 年

锐科激光推出 10 W、20 W 脉冲光纤激光器及 200 W 连续光纤激光器。

- 2010 年

锐科激光"25 W 脉冲光纤激光器"入选科学技术部"2010 年度国家重点新产品计划";公司入选武汉东湖新技术开发区第一批"瞪羚企业";锐科激光 10 W、25 W 脉冲光纤激光器荣获湖北省科技进步奖一等奖。

- 2011 年

"十一五"国家科技支撑计划项目"工业激光器及其成套设备关键技术研究与示范"在武汉顺利通过国家科学技术部验收;公司研发出了千瓦级连续光纤激光器工程样机;公司研发团队被国务院侨务办公室授予"重点华侨华人创业团队";2011 年底中国航天三江集团有限公司通过"收购＋增资"的方式控股锐科激光,锐科激光加入中国航天科工集团有限公司。

- 2012 年

锐科激光产业基地在武汉未来科技城举行开工奠基仪式,投资 2.68 亿元建设大功率光纤激光器及关键器件产业基地,基地占地面积 80 亩,将在 3 年内建成;在慕尼黑上海光博会,公司展出了最新自主研发的 1 kW 单模连续光纤激光器和 4 kW 多模连续光纤激光器;由锐科激光、华工激光和华中科技大学完成的国家重大专项"4 kW 全光纤激光器"通过了科技成果鉴定;公司通过了"国家火炬计划重点高新技术企业"认定;由锐科激光等单位研制的"高功率连续单模光纤激光器关键技术及其产业化项目"被湖北省人民政府授予 2012 年湖北省科技进步奖一等奖。

- 2013 年

锐科激光成功研制中国首台万瓦连续光纤激光器,成为全球第二个拥有此项技术的企业;习近平总书记考察东湖国家自主创新示范区,闫大鹏向总书记汇报高功率光纤激光器的研发、生产和应用情况;锐科激光获批博士后科研工作站。

- 2014 年

公司"Raycus"牌光纤激光器被授予 2014 年度湖北名牌产品;公司发明专利"增益光纤光子暗化测试系统"荣获第十六届中国专利优秀奖。

- 2015 年

公司获批光纤激光器国家地方联合工程研究中心;公司搬迁至未来科技城新园区;公司完成股份制改造,原"武汉锐科光纤激光技术有限责任公司"正式更名为"武汉锐科光纤激光技术股份有限公司";公司承担的科技重大专项"4 kW全光纤激光器"课题通过了由工业与信息化部组织的项目技术验收。

● 2016年

公司牵头制定的我国第一部光纤激光器行业标准JB/T 12632-2016《光纤激光器》正式发布;公司20 kW光纤激光器及其核心器件研发项目入选2016年湖北省"技术创新专项重大项目"。

● 2017年

锐科激光收购了武汉睿芯特种光纤公司股权;由公司牵头承担的国家863计划"高性能大功率光纤激光器"课题通过了科学技术部组织的课题技术验收;由公司牵头承担的2017年国家重点研发计划"工业级大功率光纤激光器关键技术及产业化"项目正式启动。

● 2018年

6月25日,锐科激光(股票代码300747)在深圳证券交易所挂牌上市;公司承担的湖北省技术创新专项重大项目"20 kW光纤激光器及其核心器件研发"通过了湖北省科学技术厅组织的专家验收;公司获批第三届"制造业单项冠军示范企业";公司在无锡成立子公司无锡锐科;在东湖新技术开发区的烽火科技集团,闫大鹏再次向习近平总书记汇报公司的最新研发成果。

● 2019年

锐科激光推出全新500 W、1 kW脉冲光纤激光器产品;公司收购上海国神光电科技有限公司51%股权,实现超快激光器产品的研发生产与销售;公司荣获湖北省优秀企业"金鹤奖"表彰。

● 2020年

锐科激光大功率光纤激光器产业园二期基建项目正式动工;公司作为第一完成单位的"高光束质量万瓦光纤激光器核心技术及其产业化"项目荣获湖北省科学技术进步奖特等奖表彰;公司荣获2020年国家技术创新

示范企业;公司参与了我国首个激光产品国际标准"工业用光纤激光器参数要求和测试方法"的制定。

- 2021年

公司推出工业级单模块12 kW光纤激光器和30 kW多模工业光纤激光器。

4. 武汉帝尔激光科技股份有限公司(股票代码300776.SZ)

1) 公司概况

武汉帝尔激光科技股份有限公司(简称帝尔激光)成立于2008年,公司是以自主创新激光技术为核心,集精密激光加工解决方案设计、设备制造为一体的整体解决方案提供商;是工业与信息化部国家智能光伏试点示范单位、工业与信息化部第五批制造业单项冠军示范企业、东湖新技术开发区瞪羚企业、湖北省支柱产业细分领域隐形冠军示范企业。2019年,帝尔激光在深圳证券交易所创业板上市;公司在武汉、无锡设有研发生产基地,在以色列特拉维夫设有全球研发中心。

目前,公司聚集"国家高层次人才特殊支持计划(也称万人计划)""湖北省百人计划"等行业领军人才十余名,借力以色列科技创新人才及资源优势,打造了一支中以联合发展的国际化人才团队;公司研发人员占比高达35%;近三年来研发经费超亿元,目前拥有发明专利122项,实用新型专利108项,PCT国际专利11项。

公司专注于将激光技术推广应用于高效太阳能光伏电池行业,提高太阳能光伏电池发电效率,降低发电成本。所以,基于自主创新技术,已建立创新技术、方案设计、仪器研发、生产及销售覆盖全产业链的系统解决方案。

围绕行业痛点、难点,经过十多年技术的不断突破,研发成功的PERC激光消融设备可大幅提高光伏电池转换效率,目前光电转换效率已高达24%,突破长期以来国内光伏电池发电转化率都维持在16%的瓶颈,在行业遥遥领先;公司 PERC 技术已成为全球太阳能光伏产业的主流技术。帝尔激光的创新技术和创新产品,引领着行业主流技术发展。

公司掌握核心激光技术,全面赶超国内外多家知名公司,不断促进高效太阳能电池的技术发展和迭代革新。PERC、SE 激光设备凭借高效、精准、全球领先的原创性技术,替代国外激光技术与设备进口,打破国外激光技术垄断。

帝尔激光设备远销澳大利亚、韩国、马来西亚、印度、泰国、越南、新加坡等多个国家和地区,国内外客户快速增长,占领全球高效太阳能激光设备 90% 以上的市场份额,已成为光伏产业精密激光加工行业全球龙头企业与该细分领域内的"隐形冠军"。

公司连续多年保持高速增长,贡献税收不断创新高。2019 年上缴利税逾 1.2 亿元,2020 年上缴利税逾 1.3 亿元。

2020 年,习总书记在联合国大会提出"2030 年碳达峰,2060 年碳中和"的发展战略目标,对公司来说,也是主动对标国家战略,在精密激光加工领域精准发力,大力推动光伏产业发展、打造绿色能源基地的重要机会。中国从"碳达峰"到"碳中和"的时间仅有 30 年,与发达国家相比时间大大缩短,因此,我国发展也面临巨大挑战,清洁、优质、低碳甚至无碳的太阳光能源这类可再生能源将持续替代传统能源发展。公司一直致力于将激光技术推广应用于高效太阳能电池光伏行业,专注于开发产品,节约能源,在低碳发展中有着强大的储备创新技术,在达成环保目标的道路上提供强有力的技术支撑。公司长期以来积极服务"一带一路",产品远销马来西亚、泰国、越南、新加坡等多个国家与地区,在东南亚地区成为主导激光设备,输出全球环保先进激光"帝尔"方案。

低碳发展对我国乃至全世界的发展意义重大,加快转型升级,推进绿色循环,已经成为共识和大势所趋。帝尔激光主动践行社会责任,强化使命担当,积极参与全球经济、科技竞争。在未来低碳经济转型过程中,低碳技术是核心要素。帝尔激光主动承担起向其他发展中国家积极转移低碳技术的责任,在推动我国能源结构转型、经济转型和高质量发展的同时,也将对世界的低碳转型发挥积极引领作用。

目前,公司在东湖新技术开发区未来城有在建项目近 5 万平方米,包括厂房与办公区域在建共三栋,2020 年底完工,推进企业发展创新进程,打造国际化中心,凸显公司现代化、国际化。

未来,面对空间广阔的光伏市场,帝尔激光将深耕激光技术应用,不断提高自主创新能力,推动激光技术应用"全场景化"。不仅将先进的技术应用于太阳能光伏行业,在半导体、新型显示、消费电子等多个高科技领域也将不断拓展,从设备、材料、产品到系统全面发力。公司将持续加大研发投入,再次突破关键核心技术,努力不懈成为"中国制造 2025"主力军。

2) 公司文化

愿景:光造万物,智造未来。

使命:激光方案的探险。

经营理念:为客户创造价值,为员工创造未来。

核心价值观:诚信务实,勇于创新,艰苦奋斗。

3) 发展历程

- 2008 年

创立于中国,武汉。

- 2009 年

推出激光磷掺杂设备,应用于 PLUTO 高效太阳能电池生产线。

- 2010 年

推出 N 型电池激光边缘刻蚀设备,配合 PLUTO 高效太阳能电池研发激光设备。

- 2011 年

引进六禾创投,研制出国内第一台太阳能电池专用 Inline 激光消融设备。

● 2012 年

推出 MWT 高效电池激光打孔设备,推出研发型 PERC 激光消融设备,首获东湖新技术开发区"瞪羚企业"称号,之后连续六年获此殊荣。

● 2013 年

推出研发用激光消融设备,武汉市光伏激光加工设备工程技术研究中心落户公司。

● 2014 年

推出第一代量产型 PERC 电池激光消融设备,获武汉市科技进步奖。

● 2015 年

在中国新三板(NEEQ)挂牌,推出 PERL 激光硼掺杂研发设备,推出半片组件用激光划片设备。

● 2016 年

成功研发全球首台激光 LIR 设备。

● 2017 年

推出 SE 激光掺杂量产设备,推出激光消融在线量产设备,成功研发 LID/R 激光修复设备。

● 2018 年

PERC+SE 高效太阳能电池激光设备市场占有率超过 80%。

● 2019 年

首次公开发行股票并在创业板上市,股票代码 300776.SZ;设立无锡子公司;交付满足 M12 尺寸量产要求的全套激光量产设备。

● 2020 年

取得首家高效异质结电池(HJT)专用激光 LIR 设备批量合同,TOPCon 硼掺杂开膜技术完成工艺论证,入选国家智能光伏试点示范企业。入选国家"制造业单项冠军示范企业"。

● 2021 年

研发出应用于 HJT、TOPCon、IBC 电池的不同激光工艺,研发出应用于 MiniLED 的激光修复技术。

(二) 湖北省激光行业上市公司销售收入现状

截至 2021 年 8 月,湖北省激光行业相关的上市公司共有 14 家。其中,长飞光纤公司布局于产业链上游,锐科激光公司处于产业链中游,其余公司均处于产业链下游,且大都分布于激光加工领域。湖北省激光相关上市公司的概况如表 2-11 所示。

表 2-11 湖北省激光相关上市公司概况

企业全称	企业简称	代码	产业链	分类	主要产品
长飞光纤光缆股份有限公司	长飞光纤	601869	上	激光材料	光纤预制棒及光纤、光缆、特种光纤(激光器用特种光纤)
武汉锐科光纤激光技术股份有限公司	锐科激光	300747	中	激光器	光纤激光器
武汉奥森迪科智能科技股份有限公司	奥森迪科	872362	下	激光加工	电子产品、自动化产品、激光设备、环保设备
武汉帝尔激光科技股份有限公司	帝尔激光	300776	下	激光加工	包括 PERC 激光消融设备、SE 激光掺杂设备、MWT 系列激光设备、全自动高速激光划片/裂片机、LID/R 激光修复设备、激光扩硼设备
华工科技产业股份有限公司	华工科技	000988	下	激光加工	激光智能装备、激光自动化产线、激光全息综合防伪产品、传感器、汽车电子产品、光通信产品等

续表

企业全称	企业简称	代码	产业链	分类	主要产品
武汉华中数控股份有限公司	华中数控	300161	下	激光加工	机床数控系统(激光数控系统)、工业机器人及智能产线(激光切割机器人)、新能源汽车配套、特种装备(激光焊接设备)
武汉金运激光股份有限公司	金运激光	300220	下	激光加工	激光装备(金属激光、柔性非金属激光和激光熔覆)、IP衍生品运营
武汉科贝科技股份有限公司	科贝科技	838775	下	激光加工	激光机床床身、激光焊接等激光产品
武汉中谷联创光电科技股份有限公司	中谷联创	838256	下	激光加工	激光机及激光电源、激光加工设备
武汉汇科信工业技术股份有限公司	汇科信	872922	下	激光加工	精密金属结构件和激光机床产品
湖北久之洋红外系统股份有限公司	久之洋	300516	下	激光测量	红外测距、激光测距、激光照射、激光报警、激光通信、激光对抗
武汉奇致激光技术股份有限公司	奇致激光	832861	下	激光医疗	激光医疗及美容类设备
武汉亚格光电技术股份有限公司	亚格光电	839613	下	激光医疗	LED治疗仪、激光治疗机

续表

企业全称	企业简称	代码	产业链	分类	主要产品
湖北益健堂科技股份有限公司	益健堂	870130	下	激光医疗	半导体激光治疗仪、半导体激光血氧治疗仪、红蓝光治疗仪、毫米波治疗仪、中频治疗仪、低频治疗仪、智能手环、健康手表

从营业收入情况来看,湖北省激光相关上市公司2020年营业收入过亿的有9家,不足亿元的有5家。其中,长飞光纤、华工科技、锐科激光、华中数控和帝尔激光5家公司的营业收入超过10亿元,经营规模较大;而汇科信、奥森迪科和亚格光电3家公司2020年营业收入不足5000万元,经营规模相对较小。近年来湖北省激光相关上市公司的营收情况如表2-12所示。

表2-12 湖北省激光相关上市公司营收情况

企业简称	营业收入(亿元)				
	2016	2017	2018	2019	2020
长飞光纤	81.11	103.66	113.60	77.69	82.22
华工科技	33.14	44.81	52.33	54.60	61.38
锐科激光	5.23	9.52	14.62	20.10	23.17
华中数控	8.13	9.85	8.20	9.06	13.22
帝尔激光	0.77	1.65	3.65	7.00	10.72
久之洋	4.73	3.11	5.05	5.73	7.23
科贝科技	2.30	2.05	2.10	1.73	3.04
金运激光	1.87	1.85	2.13	2.22	1.97
奇致激光	1.69	2.21	2.26	2.10	1.80
益健堂	0.50	0.48	0.59	0.40	0.59
中谷联创	0.09	0.19	0.33	0.51	0.53
汇科信	0.09	0.12	0.13	0.19	0.28
奥森迪科	0.09	0.13	0.20	0.18	0.18
亚格光电	0.26	0.28	0.30	0.30	0.21

从营业收入的变化情况来看,湖北省激光相关上市公司2020年营业收入同比增长的有11家,同比下降的有3家。其中,帝尔激光、科贝科技、华中数控、益健堂和汇科信5家公司的营业收入同比增长率超过40%,增幅较高;而亚格光电的营业收入同比下降率高达30.63%,经营情况受疫情的负面影响较大。近年来湖北省激光相关上市公司营收变化情况如表2-13所示。

表2-13　湖北省激光相关上市公司营收变化情况

企业简称	营业收入同比(%)			
	2017	2018	2019	2020
长飞光纤	27.79	9.59	−31.61	5.82
华工科技	35.21	16.79	4.35	12.40
锐科激光	82.01	53.60	37.49	15.25
华中数控	21.21	−16.81	10.55	45.95
帝尔激光	114.92	120.59	91.83	53.19
久之洋	−34.24	62.34	13.38	26.20
科贝科技	−10.62	2.54	−17.81	75.96
金运激光	−1.27	15.05	3.06	−11.3
奇致激光	30.44	2.22	−6.72	−14.47
益健堂	−4.77	24.52	−32.04	45.98
中谷联创	98.71	77.75	53.44	4.76
汇科信	37.18	11.51	45.14	45.85
奥森迪科	36.90	53.48	−9.72	2.83
亚格光电	7.23	4.30	0.23	−30.63

从营业收入的具体构成来看,2020年,长飞光纤约有29.53亿元的收入来自光纤预制棒及光纤业务,同比上升17.72%,占公司总营收的

35.92%；约 32.88 亿元的收入来自光缆业务，同比下降 17.85%，占公司总营收的 39.99%。因此，长飞光纤的营业收入主要来源于光纤光缆等产品的销售，基本用于光通信产业，而与激光产业密切相关的激光器用特种光纤产品只占极少部分。

2020 年，华工科技激光加工及系列成套设备的营业收入为 18.88 亿元，同比增长 9.61%，占公司总营收的 30.77%；光电器件系列产品的营业收入为 26.45 亿元，同比增长 21.21%，占公司总营收的 43.1%；激光全息防伪系列产品的营业收入为 4.28 亿元，同比增长 13.62%，占公司总营收的 6.97%。华工科技智能装备事业群在切割装备及产线领域重点推出了高速高精坡口设备、国内激光行业首台 500 mm 管径重型切管机、三头激光开卷落料线、激光清洗机等新产品，其中"激光开卷落料生产线"已成功出口至韩国等国家和地区，打破了进口设备在海外市场的垄断。

2020 年，锐科激光脉冲光纤激光器的营业收入为 3.39 亿元，同比增长 5.78%，占公司总营收的 14.65%；连续光纤激光器的营业收入为 17.56 亿元，同比增长 18.83%，占公司总营收的 75.78%；超快激光器的营业收入为 0.55 亿元，同比增长 124.66%，占公司总营收的 2.37%。2020 年，锐科激光在承受市场变化和疫情的双重压力下，不断提升在高端激光器产品研发和可定制化成套解决方案的能力，万瓦级激光器累计销售超过 800 台，同比增长 543%；公司在新应用领域同样取得较好成绩，焊接激光器销售台数同比增长 152%，清洗激光器主流产品出货量增长 148%。

2020 年，华中数控数控系统与机床的营业收入为 6.2 亿元，同比增长 51.87%，占公司总营收的 46.89%；机器人与智能产线的营业收入为 4.23 亿元，同比增长 1.18%，占公司总营收的 31.99%；新能源汽车配套的营业收入为 0.38 亿元，同比增长 518.01%，占公司总营收的 2.84%；特种装备的营业收入为 2.25 亿元，同比增长 320.84%，占公司总营收的 17.01%。其中，激光数控系统、激光焊接设备以及激光切割机器人等产品与激光产业密切相关。

2020年,帝尔激光的营业收入主要来源于太阳能电池激光加工设备,该类产品的营业收入为10.29亿元,同比增长50.91%,占公司总营收的95.94%。帝尔激光通过与隆基股份、通威股份、爱旭科技、晶科能源、晶澳太阳能、天合光能、阿特斯太阳能、韩华新能源、东方日升等国际知名光伏企业开展合作,将激光技术应用充分嵌入到高效太阳能光伏行业,不仅带动了公司营业收入的快速增长,也为公司向高端消费电子、新型显示和集成电路等其他领域精密激光加工设备延伸奠定了基础。

2020年,久之洋红外热像仪的营业收入为6.11亿元,同比增长28.9%,占公司总营收的84.6%;激光测距仪的营业收入为0.32亿元,同比增长17.75%,占公司总营收的4.4%;光学系统的营业收入为0.74亿元,同比增长17.62%,占公司总营收的10.24%。在激光技术方面,久之洋公司持续丰富多脉冲激光测距产品,基于铒玻璃激光器的多脉冲测距模块完成研制;国内首次完成了手持产品的激光测距与激光通信一体化设计,共享全部光、机、电平台,实现发射共光源,接收共孔径;在远程激光测距技术方面取得突破,接收探测灵敏度提升3倍以上。

2020年,科贝科技的营业收入为3.04亿元,其中,激光机床的营业收入为1.01亿元,占比33.22%。2020年,科贝科技公司一方面将集中于中小型激光切割机的研发配套工作,不断提升产品质量,将公司打造成全国最大的激光裸机配套厂商。另一方面,公司历时2年多的创新与研发,在取得2项自主专利的核心技术后,成功推出了KEBEI2018系列激光切割机,力争在激光切割机整机市场中具有一席之地。

2020年,金运激光的营业收入为1.97亿元,同比下降11.3%。其中,激光设备制造相关的营业收入为1.21亿元,占比61.7%,同比下降27.25%。金属激光业务方面,已经形成了9大系列化的光纤激光管材切割产品,全面覆盖了金属管材加工领域的应用,其中通用型光纤激光切管机、极小管光纤激光切管机、圆管专用光纤激光切管机,精准地贴合了健身器材和办公家居等制造行业的应用需求。柔性非金属激光业务方面，全年订单较 2019 年有所增加，但由于疫情一季度停工停产导致订单的生产及交付均受影响。激光熔覆业务方面，公司为煤机行业提供熔覆服务业务量占比为 70%，受煤机客户议价能力和市场激烈竞争等因素影响，销售价格下降。

2020 年，奇致激光的营业收入为 1.8 亿元，同比下降 14.47%。其中，美容设备的营业收入为 1.29 亿元，占比 71.67%，同比下降 17.91%。奇致激光公司已独立开发设计多款高性能激光、光电医疗和美容设备，并获国家药品监督管理局颁发的"半导体激光脱毛机"与"二氧化碳激光治疗机"医疗器械注册证续证 2 项；湖北省药品监督管理局颁发的"气压喷液仪"医疗器械注册证续证 1 项；在原有的"半导体激光治疗机"医疗器械注册证上增加一款新产品型号。

2020 年，益健堂的营业收入为 0.59 亿元，同比增长 45.98%，增幅较大，主要是因为疫情促使全民健康意识大幅提升，公司家庭健康系列产品充分契合了市场需求所致。其中，激光治疗仪的营业收入为 0.21 亿元，占比 35.59%，同比增长 1.6%。益健堂公司几乎能覆盖目标人群家庭健康管理所需的全品类医疗器械产品，其中与激光产业密切相关的主要是半导体激光治疗仪、半导体激光血氧治疗仪等。

2020 年，中谷联创的营业收入为 0.53 亿元，同比增长 4.76%。其中，激光机的营业收入为 0.46 亿元，同比增长 15.67%，占比 86.79%。公司基本在保持上年度的营业收入的情况下做到激光机及激光电源的收入保持小幅提升。但由于新冠疫情因素的负面影响，营业收入的增长幅度较低。公司已取得专利权 11 项、软件著作权 12 项，掌握了激光设备产品领域核心技术及自主知识产权，目前的重点产品主要包括激光切割机、激光焊接机、激光打标机、激光打孔机、激光锡焊机、机器人工作台、激光电源及激光演示系统。

2020 年，汇科信的营业收入为 0.28 亿元，同比增长 45.86%。其中，精密金属结构件-激光加工设备类产品的营业收入为 0.05 亿元，同比下降

33.3%,占比17.86%;智能激光机床产品的营业收入为0.12亿元,同比增长164.49%,占比42.86%。公司的客户主要为中大型光电通信与激光企业,长期稳定的产品质量与业内良好的口碑赢得了大客户的信任,保持了订单的规模与持续性。

2020年,奥森迪科的营业收入为0.18亿元,同比增长2.83%。其中,自动化控制类产品的营业收入为0.11亿元,同比下降17.4%,占比61.11%;切割焊接类产品的营业收入为0.03亿元,同比增长197.03%,占比16.67%。奥森迪科公司参与华中科技大学主持的"基于国产数控的高性能激光切割机产业化"项目,共同对工业激光领域和自动控制领域的前沿技术进行研究。

2020年,亚格光电的营业收入为0.21亿元,同比下降30.63%。其中,医疗器械类产品的营业收入为0.15亿元,同比下降35.08%,占比71.43%。亚格光电公司已拥有一批一、二、三类医疗器械注册产品,包括LED治疗仪、Nd:YAG激光治疗机、Nd:YAG脉冲激光治疗机、半导体激光治疗机、冲洗器、检查指套和吸引管等。

湖北激光产业核心创新平台——激光加工国家工程研究中心

1. 工程研究中心

1995年,国家计划委员会以"计科技(1995)993号"文,下发了《关于激光加工国家工程研究中心可行性研究报告的批复》(见附录)。1997年转制成立武汉华工激光工程有限责任公司,2003年完成建设,通过验收。在国家发展和改革委员会历次评价中,获优良成绩。

2. 技术方向

激光加工国家工程研究中心(简称工程中心)针对汽车、高铁、船舶、机械、冶金、石油化工、航空航天、3C电子、5G通信、新能源、军工等领域对激光加工的需求,开展关键技术攻关和实验研究;研制重大激光装备样机及其关键部件;持续不断地为规模化生产提供成熟激光加工先进技术、工艺及其技术产品和装备;积极开展国际交流合作,为企业应用国际先进激光加工技术、采用国际标准、推动国际技术转移扩散等提供支撑服务;提供激光加工工程技术验证和咨询服务,研究工业激光产业技术标准;为激光加工行业培养工程技术研究与管理的高层次人才。

近5年,重点突破高功率光纤激光器、碟片激光器、半导体激光器、超快激光器、高功率激光切割、焊接技术、激光3D打印和超短脉冲激光微加工技术,并加快激光军民融合技术的开发。

3. 组织机构

随着工程中心的不断发展,组织机构也在不断地调整,以适应形势变化。中心建设初期全部依托在华中科技大学,1997年转制成立武汉华工激光工程有限责任公司(简称华工激光),2000年以"华工激光"为主体的"华工科技"在深圳证券交易所上市,2018年工程中心孵化的光纤激光器公司"锐科激光"在深圳证券交易所上市,2020年中心孵化的超快激光器公司华日公司进入上市辅导期。工程中心总部设在华工激光,主任、副主任和技术委员会主任由法人单位、依托单位和工程中心孵化的企业主要负责人担任。下设激光智能制造事业部、激光精密微细加工事业部、工业光纤激光器事业部、工业超快激光器事业部、核心器件及应用基础研究事业部,如图2-52所示。

工程中心实行主任工作会议决策机制,技术委员会(院士工作站)向中心主任办公会报告激光加工行业的关键共性技术、前沿引领技术、现代

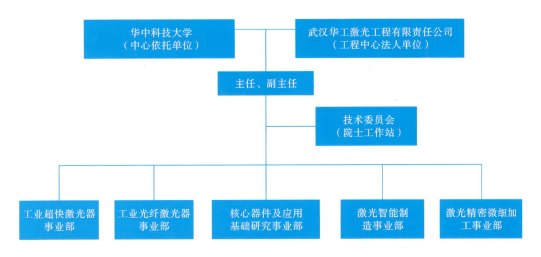

图 2-52 激光加工国家工程研究中心组织机构

工程技术、颠覆性技术等,主任办公会确定各事业部阶段性的研发和创新目标。

4. 运行模式

实际运行中,中心依照自身特点,围绕市场需求,进行资源优化,形成了"一个中心,三个基地"的运行模式,如图 2-53 所示。一个中心即激光加工国家工程研究中心,三个基地分别为研发基地(依托华中科技大学)、产业化基地(依托"华工激光"及其孵化参股的激光公司)和成果推广与应用基地(全国七个分中心)。研发基地采用高校运行模式,以产业化基地提出的技术问题为主要研究内容,承担新型工业激光器、核心器件和激光材料加工机理研发,培养激光加工行业高级人才。产业化基地"华工激光"及其孵化参股公司,采用企业运行模式,重点将研发基地成果进行工程化、标准化和商品化,负责新产品规模化生产,推向市场或技术转移到行业内其他企业。产业化基地和研发基地共同承担国家项目和大型企业的重大项目,共同实现工程化验证,并进一步制定标准,形成新产品。成果推广与应用基地采用企业运行模式,重点将研发基地和产业化基地的成果和产品,结合当地经济的需求,进行成果推广和应用。

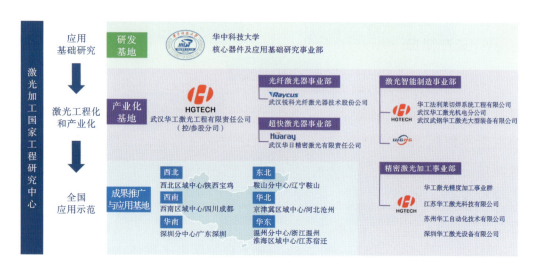

图 2-53 激光加工国家工程研究中心运行模式

5. 依托单位情况

工程中心依托单位华中科技大学是教育部直属重点综合性大学,是"211工程""985工程"和首批"双一流"建设高校。2017年9月,光学工程学科被教育部批准为国家"双一流"建设学科,光学工程一级学科全国排名第一。华中科技大学激光加工发展的历史已有50年,华中科技大学是中国最早将激光技术应用到工业生产的大学,也是国内最早孵化以激光加工为主业上市公司华工科技和以工业激光器为主业上市公司锐科激光的大学,是中国工业激光技术的重要发源地之一,是激光技术人才培养的摇篮,支撑了中国激光产业的发展与壮大。

6. 人员情况

工程中心员工总数超过4000人,研发人员433名,其中博士、硕士占45%,中国激光界资深专家24人、博士50人,双聘院士1人,建立院士工作站1个。中心已与美国、德国、澳大利亚、日本、英国、俄罗斯、韩国、新加坡等国家以及中国香港地区的著名研究机构和企业建立了紧密的合作关系。

7. 资产情况

2020年底,华工科技拥有资产总额39.3亿元,市值近300亿,用于研发的仪器、设备原价值2.6亿元。建立了工业激光器研发平台,高平均功率激光切割、焊接、熔覆、热处理工艺研究与工程化验证平台和激光精密标记、刻蚀、硬脆非金属材料(玻璃、陶瓷、晶圆等)切割、焊接工艺研究与工程化验证平台,还购买了各类激光参数测试设备和材料性质检测设备。

8. 运行情况

按照"一个中心,三个基地"的运行模式,实现了产学研互为支撑、无缝对接的良性循环。中心内部实现了激光器件、激光器、激光加工装备全产业链贯通。国外"卡脖子"技术越来越少,自主可控技术越来越多。工程中心研制的工业光纤激光器迫使美国IPG公司降价,市场占有率近25%;高功率超快激光器技术指标,达到国际先进水平;系列激光装备技术不断提升,持续满足国民经济主战场的需求。工程中心从成立之初年销售额不到1千万元,到2020年销售额超过50亿元。工程中心的诞生、成长过程就是中国激光产业从无到有、从小到大、从弱到强的发展历程,用实际行动践行着"代表国家竞争力,具备国际竞争力"的使命。

9. 主要社会服务

1) 服务地方经济,带动产业发展

在全国各地设立分中心,有效地服务地方经济,带动产业发展。

为更好地推广激光加工技术应用,培养地方技术人才,服务国内各省份地方制造业,继2012年经辽宁省政府和华中科技大学协商在辽宁激光产业园成立激光加工国家工程研究中心鞍山分中心后,成立了温州分中心、京津冀区域中心、淮海区域中心、西北区域中心,成立了西南区域中心、深圳分中心。这些分中心的成立,带动了各地方政府对激光加工的重视和投入,国内激光产业园区纷纷拔地而起,如辽宁激光产业园、沧州激光产业园、宿迁激光产业园、惠州仲恺激光产业园、中山激光产业园、芜湖激光产业园、绵阳市游仙区激光产业园;经科技部认定的光电类创新型产业集群试点:温州激光与光电创新型产业集群和辽宁(鞍山)激光创新型产业集群,都是分中心第一个进驻。分中心不仅扩大了国家平台的影响力,产生了很好社会效益,还带动了全国激光产业园建设,国内激光企业总数已超过3000家,可以说激光加工由特种加工已经进入到通用加工,新型的激光产业已经形成。

2) 新时期优化整合,带动国内激光加工产业链的发展

武汉华日精密激光股份有限公司于2009年成立,是中国第一家超快激光器专业制造商。作为工程中心的超快激光事业部,承担全中心三大产品线:脉冲紫外激光器、高功率固体皮秒激光器及高功率光纤飞秒激光器的研发、工程化及产业化工作。

为贯彻高等学校所属企业体制改革方案,华日激光于2020年11月完成改制,公司核心团队成为最大股东,同时引进国内超快激光产业链优秀企业作为战略股东,包括福晶科技(股票代码002222,中国光学晶体研发制造领域领军企业)、长光华芯(拟上市,中国唯一实现高功率激光器芯片量产的企业)、北京金橙子(股票代码839562,中国工业激光控制系统主要供应商)、华工科技(中国最大的激光设备制造商之一)及华为(全球知名品牌商);目前是国内唯一一家拥有超快激光器全产业链股东结构的企业,具备了与美国相干公司抗衡的基础。此次体制改革顺应新时代精神,不仅通过股权改革进一步增强了中心的实力,扩大了工程中心在中国激光产业链的影响力,通过组建激光产业链股东结构的创新形式,形成中国激光行业目前唯一具备利益共同体的产业链联盟。通过上下游利益联动带动了中国激光产业链的协同发展,华日激光近期已启动IPO相关工作计划,希望通过资本市场的支持得到进一步发展。

3）做好学术交流与人才培养,履行国家平台社会责任

工程中心是科技部国家级激光产业技术创新联盟理事长单位、全国激光辐射安全和激光设备标准化技术委员会大功率激光器应用分技术委员会(编号 SAC/TC284/SC2)秘书处单位、湖北省激光学会理事长单位、武汉•中国光谷激光行业协会会长单位,承担着普及激光加工知识,培养、培训激光加工人才,开展国内外激光加工学术交流的社会责任。

2018 年帮助俄罗斯专家 Alexey 成功获得东湖新技术开发区"3551"人才计划项目,使系列声光调制器实现量产,完善了国内激光产业链。

从 2007 年起,每年都在莫斯科光博会和武汉光博会举办"国际激光技术与产业高峰论坛"。2020 年"中俄激光精密制造创新对话活动"被批准列入中国科学技术协会第一类第 7 号活动,并获得中国科学技术协会项目资助经费 50 万元,完成了中俄激光精密微细制造创新合作咨询报告;"光芯屏端网"产业中的激光精密制造核心技术攻关建议书,促进了中俄两国激光领域的深入合作。

全国大功率激光器应用分技术委员会由国家标准化管理委员会批准建立和管理,于 2010 年 11 月正式成立,是从事大功率激光器激光应用行业领域内标准化工作的非法人技术机构,主要负责大功率激光器激光应用(激光加工设备除外)、辐射安全等领域的国家标准的制订、修订工作,与国际电工委员会光辐射和激光设备技术委员会大功率激光器工作组(IEC/TC76/WG7)相关联。在激光加工标准制定方面已开展的工作有:

①《脉冲激光时域主要参数测量方法》于 2018 年 10 月 24 日至 25 日参加国家标准化管理委员会国家标准技术审评中心召开的 2018 年第十一次推荐性国家标准立项评估会,现已通过国家标准化管理委员会立项,项目编号为 20191971-T-604。

②《高功率激光加工设备安全防护标准》该标准转由 TC284 负责制定、修订工作,现已参加国家标准化管理委员会审评中心召开的立项评估

会议。

③《光纤激光器》于 2015 年 6 月 18 日通过国家标准化管理委员会审查,2016 年 1 月 15 日发布,2016 年 6 月 1 日实施。

组织申报的行业标准有:汽轮机叶片激光局部强化技术规范、阀门密封面激光熔覆技术要求、汽车白车身激光焊接技术规范、光纤激光传输组、激光加工设备通用规范等。

2018 年至 2020 年,通过激光第一课堂和激光暑期学校,面向全国普及激光加工知识,培养激光加工技术人才。2018 年至 2020 年共举办培训班 30 余次,培训全国激光行业人员近 3000 人。

第三部分
湖北激光行业的技术发展

激光产业链产品国际对标

(一) 激光器件国际对标

1. 声光调制器

当光波通过某一受到机械波扰动的介质时而发生的衍射现象称为声光效应。利用声光效应可以快速有效地控制入射激光的偏转方向、强度、频率、相位等参数,其在高速光场调控中应用广泛。

在激光加工和激光制造中,声光器件主要有三个用途:一是在激光谐振腔中用于调 Q 器件和锁模器件,用来产生巨脉冲;二是在激光输出后,用作脉冲的选择器;三是在激光输出后,用于并行加工的激光分光、激光扫描和激光偏转(开关)。声光调制器的核心参数说明如下。

- 晶体材料:石英晶体(声速为 5750 m/s)。
- 超声模式:压缩波(纵波,声速更快,调制速率更高)。
- 损伤阈值:石英材料具有良好的光学性能和抗损伤特性,因此在高功率激光器领域有着广泛的应用。
- 偏振态:在激光器内部的声光调制器多数采用线偏振光设计,在腔外用的声光调制器可采用非线偏光设计。
- 载波频率:超声场的频率。
- 有效通光孔径:在使用中,光斑半径≈通光孔径/1.5。
- 上升时间:晶体内部超声传输 1 mm 光斑所需要的时间,与开关速度有关。
- 衍射角度:在空气中的 0 级与 +1(-1)级衍射光的夹角。

- 射频功率：超声注入的有效电功率。
- 匹配阻抗：通常采用 50 Ω 的阻抗匹配。
- 驻波比：超声电功率注入声光器件内的比率，VSWR<1.2。

1) 用于产生巨脉冲的声光器件

用于产生巨脉冲的声光器件可以分为：声光调 Q 器件和声光锁模器件。研发及制造此类器件的国际代表性公司为英国 G&H 公司。用于固体激光器调 Q 声光器件如图 3-1 所示，其核心技术指标如下。

- 声光介质：熔融石英。
- 最大有效通光孔径：ϕ8 mm。
- 工作波长：1064 nm。
- 射频频率：24 MHz、17.12 MHz、40 MHz、68 MHz。
- 射频注入功率：50 W 对压缩声波模式。
- 100 W 对剪切声波模式。

图 3-1　用于固体激光器调 Q 声光器件

用于 CO_2 激光器调 Q 或调制的声光器件如图 3-2 所示，其核心技术指标如下。

- 声光介质：锗(Ge)单晶。
- 通光波长：9.4 μm 或 10.6 μm。
- 最大光功率密度：>15 W/mm^2。
- 镀膜表面反射率：<0.2% 每面。

- 透过率：>96.5%。
- 射频频率：40.68 MHz。
- 光学偏振态：线偏光。
- 有效孔径：ϕ11.6 mm。
- 声波模式：纵波。

图 3-2　用于 CO_2 气体激光器调 Q 或调制的声光器件

- 上升时间（10%～90%）：120 ns/mm。
- 分离角：69.5 mrad@9.4 μm，78.4 mrad@10.6 μm。
- 衍射效率：≥90%。
- 射频功率：最大 120 W。

2）用于锁模的声光器件

用于锁模的声光器件如图 3-3 所示，其主要技术指标如下。

- 声光介质：SiO_2。

图 3-3　用于锁模的声光器件

- 声波模式：纵波。
- 工作波长：1.06 μm。
- 静态透过率：99%。
- 工作频率：80 MHz±150 kHz。
- 有效通过孔径：φ3 mm。
- 偏转角：14.2 mrad。
- 射频功率：1.2 W。

3）用于激光脉冲选取的声光器件

锁模激光器输出的脉冲重复频率都在兆赫兹以上，脉冲的选取、Burst 模式的实现、频率的降频等激光技术的实现大量使用高速的声光调制器，此类器件分为两类：光纤级的声光调制器和自由空间的声光调制器。

光纤级的声光调制器主要用在光纤超快激光器，其对标的技术指标如下。

- 射频频率：350 MHz，300 MHz。
- 开关的上升沿/下降沿：～7 ns。
- 对比度：50 dB。

自由空间的声光调制器主要用在分离器件的固体超快激光器，其对标的技术指标如下。

- 射频频率：80 MHz，100 MHz。
- 开关的上升沿/下降沿：～30 ns。
- 损伤阈值：＞1 GW/cm^2。

目前英国 G&H 公司、法国 AA 公司可以提供此类器件。

4）高速声光偏转或扫描器件

如图 3-4 所示的高速声光扫描器件主要在工业激光应用中提高无惯性高速扫描，是目前扫描器件中速度最快的光学扫描器件。针对高损伤阈值的高速扫描器件。目前仅有英国 G&H 公司提供。工业界使用较多的是 355 nm 紫外激光扫描器和 1064 nm 红外激光扫描器。其主要技术

图 3-4　高速声光扫描器件

指标如下。

- 声光介质:石英晶体。
- 声波模式:纵波。
- 中心频率:170 MHz。
- 带宽:80 MHz。
- 工作波长:355 nm。
- 最小衍射效率:80%。
- 全带宽驻波比:2∶1。
- 射频功率:20 W。
- 扫描角:4.9 mrad。

除英国 G&H 公司外,法国 AA 公司(https://www.aaoptoelectronic.com/)在声光器件和射频驱动领域也具有雄厚的技术实力。其在高速低功耗的声光器件和高速高损伤阈值的声光器件领域均拥有核心的产品,包括光纤级及自由空间的各类调制器,其中线性偏振、自由空间的声光脉冲选择器相关技术参数如表 3-1 所示。

可靠稳定的声光器件驱动电源是法国 AA 公司的主要特色。且其配备有相关的同步射频控制系统,使声光调制器的调控能力更加多样化,如表 3-2 所示。

表 3-1　自由空间的声光脉冲选择器相关技术参数

TeO₂ 通用脉冲拾取器

型号	波长 /nm	孔径 /mm×mm	光束直径 /mm	上升时间 /ns	带占空比的最大重复率 <1/10 MHz	分离角 (0-1) /mrad	效率 /%
MT200-A0.5-800	700~950	0.5×1	0.06~0.3	10~48	3.3~0.69	38@800nm	75~85
MT200-A0.5-1064	980~1100	0.4×1	0.09~0.3	15~48	2.2~0.69	50.6@1064 nm	75~85
MT250-A0.12-800	700~950	0.12×1	0.04~0.1	6~16	5.5~2	47.6@800 nm	70~85
MT250-A0.12-1064	980~1100	0.12×1	0.05~0.1	8~16	4.1~2	63.3@1064 nm	70~85

高损伤阈值脉冲拾取器

型号	波长 /nm	孔径 /mm×mm	光束直径 /mm	上升时间 /ns	带占空比的最大重复率 <1/10 MHz	分离角 (0-1) mrad	效率 /%
MCQ80-A2-L1064	1000~1100	2×2	0.5~1.5	55~165	10	14.8@1064nm	75~85
MQ80-A0.7-L1064	1000~1100	0.7×1	0.3~0.5	33~55	15	14.3@1064nm	75~85
MCQ40-A1.5-L1064	1000~1100	1.5×1.5	0.5~1.2	57~138	10	26.8@1064nm	70~85

表 3-2　声光器件驱动器主要技术参数

	MODAXX	MODAGXX
固定频率	适应于工业声光设备 标准：35,40,68,80,110,160,180,200,250,350 MHz（可按客户要求定制）	[10～400]MHz 中的任意频率精度 1 kHz
调制输入（AM）	模拟 0～1 V/50 Ω，或 0～5V/50 Ω，或数字 TTL 双 AM 控制模拟＋数字	模拟 0～1 V/50 Ω 或 0～5 V/50 Ω 或数字 TTL 双 AM 控制模拟＋数字
消光比	标准 45 dB—可根据要求提供高消光比	标准 45 dB—可根据要求提供高消光比
电源	24 V 交流或实验室 110～230 V 直流	24 V 交流或实验室 110～230 V 直流
输出射频功率	1 W,2 W,4 W,10 W,20 W,50 W,70 W,100 W	1 W,2 W,4 W,10 W,20 W,50 W,70 W,100 W

2. 电光调制器

当将电场按一定的方向加到某些晶体材料上面时，这些晶体材料内部的折射率会随着电场强度的变化而变化，这种现象就是晶体的电光效应。高功率脉冲激光器中的一大核心器件就是利用电光效应制成的高压普克尔盒，它可应用于脉冲选择器、调 Q 激光器及再生放大系统中。普克尔盒通常由一块或多块电光晶体构成。外置的普克尔盒驱动器可提供高压调制信号，从而实现对电光晶体折射率的控制。

普克尔盒中常用的电光晶体的特性如表 3-3 所示，可以看到不同晶体之间的优缺点区别十分明显。其中 KDP 及 DKDP 可以实现较大的通光孔径，但是由于存在严重的压电振铃效应，不能工作在较高的重复频率下，一般工作的最高重复频率为数千赫兹。BBO 的压电振铃效应较弱，可以工作在数百千赫兹甚至兆赫兹。但 BBO 的半波电压较高，使用过程中对普克尔盒驱动器的要求也较高,与 KDP 及 DKDP 相比,目前 BBO 可实现的最大口径也受限。KTP 与 RTP 工作电压较低,但它们需要采用双晶体的方式对初始双折射进行补偿,且由于光学均匀性一般,所以工作在较高的平均功率时其温度稳定性较差。综合来看,BBO 的各项参数特性均较好,且透过率高,损伤阈值较高,因此在高平均功率固体激光器中应用较为广泛。而对于脉冲选择器,KTP 与 RTP 的工作电压低,优势则更加明显。

表 3-3 不同电光晶体的特性

参数	晶体类型				
	KDP	DKDP	BBO	KTP	RTP
化学式	KH_2PO_4	KD_2PO_4	$\beta\text{-}BaB_2O_4$	$KTiOPO_4$	$RbTiOPO_4$
透明波段/nm	178～1580	200～2150	189～2600	350～4300	350～4300
吸收系数(1064 nm)/cm^{-1}	0.03	0.005	<0.001	<0.001	<0.001
损伤阈值(镀增透膜后)/(MW/cm^2)	500	500	1000	600	600
常规工作方式	纵向	纵向	横向	横向	横向
消光比	>1000:1	>1000:1	>1000:1	>200:1	>200:1
最大孔径/mm	>ϕ100	>ϕ100	ϕ12	ϕ20	ϕ15
最大长度/mm	>40	>40	25	60	20
光学均匀性	优秀	优秀	优秀	良好	良好
静态半波电压(1064 nm,$L=d$)	8	8	46	8	8
压电振铃效应	强	强	弱	极弱	极弱
温度特性	差	差	良好	良好	良好
是否潮解	是	是	是	否	否

如前所述,高功率普克尔盒组件包含了普克尔盒及普克尔盒驱动电源。大部分普克尔盒厂商可以同时提供普克尔盒和能满足基本需求的普

克尔盒电源,这包括立陶宛 EKSMA 公司、英国 Leysop 公司以及德国 D+G 公司。还有仅提供普克尔盒驱动电源的厂商,其中技术最强的为德国 Bergmann Messgeräte Entwicklung KG 公司,该公司也是德国 TRUMPF 公司的供应商。下面将对这些公司主要产品的技术参数进行分析。

1) 普克尔盒参数

立陶宛 EKSMA 公司(https://eksmaoptics.com/)的普克尔盒采用的电光晶体有 KTP、DKDP 及 BBO。其中 KTP 普克尔盒标准产品可提供的最大晶体口径为 8 mm², 通光口径为 7.5 mm²;DKDP 普克尔盒可提供的最大晶体口径为 20 mm², 通光口径为 18 mm²;BBO 普克尔盒可提供的最大晶体口径为 8 mm², 通光口径为 7.5 mm²。这些产品的具体技术参数如表 3-4 所示,产品实物图如图 3-5 所示,一般采用圆柱形封装结构。

表 3-4 EKSMA 公司电光普克尔盒产品技术参数

参　　数	产　品　名　称				
	PCK6	PC20SR	PC10S	PC6.3D	PCB8D
晶体类型	KTP	DKDP	DKDP	BBO	BBO
通光口径/mm	7.5×7.5	ϕ18	9.5×9.5	ϕ5.8	ϕ7.5
晶体数量	2	1	1	2	2
半波电压(1064 nm)/kV	<3.6	<6.8	<6.8	<7.6	<9.2
电容/pF	<6	4	4	<8	<8
光学透过率	98%	97%	97%	>98%	>98%
消光比	>1:200	>1:2000	>1:2000	>1:500	>1:500
整体尺寸/mm	25×16.6×13.4	ϕ35×51	22×18×33	ϕ35×57.2	ϕ35×64

英国 Leysop 公司(http://www.leysop.com/)主要提供 RTP、DKDP 及 BBO 普克尔盒。其中 RTP 普克尔盒最大晶体口径可达 9 mm;DKDP 普克尔盒可以提供的口径从 8～25 mm,为了降低半波电压,有采用双晶结

图 3-5　EKSMA 公司电光普克尔盒实物图

构的普克尔盒；BBO 普克尔盒可提供的口径为 2～12 mm，同时，基于水冷封装的普克尔盒可操作在大于 500 W 平均功率输出。这些产品的具体技术参数如表 3-5 所示，产品实物图如图 3-6 所示。

表 3-5　Leysop 公司电光普克尔盒产品技术参数

参　数	产　品　名　称			
	RTP-6-20	EM525	EM500M/2	BBO-X
晶体类型	RTP	DKDP	DKDP	BBO
通光孔径/mm	φ6	φ25	φ8	φ2～12
晶体数量	2	1	2	1 或 2
半波电压 (1064 nm)/kV	2.4	6.3	3	7(3 mm×3 mm×20 mm)
电容/pF	6	20	30	5～10
光学透过率	98%	98%	93%	>98.5%
消光比	>1∶200	>1∶1000	>1∶1000	>1∶500
整体尺寸/mm	φ35×50	φ55×81	φ55×72	—

德国 D+G 公司（https://www.dausinger-giesen.de/）专门提供薄片激光器及其元器件，其中普克尔盒是超快薄片再生放大器的核心组件。该

图 3-6　Leysop 公司电光普克尔盒实物图

公司生产的普克尔盒均采用 BBO 晶体，封装结构上采用了水冷方式，适合高功率运转，可提供的晶体口径有 6 mm、9 mm 及 12 mm，均有单晶体和双晶体的配置，同时提供对应的普克尔盒驱动器。对于不同晶体尺寸及单双晶配置，其提供的驱动器可实现的技术参数如表 3-6 所示，产品实物图如图 3-7 所示。

表 3-6　D+G 公司 BBO 普克尔盒技术参数

	普克尔盒	高压/kV	驱动器	最大重频/kHz
1/4 波电压操作	PC-6-1×BBO	8	HV-8 kV	289
	PC-6-2×BBO	4	HV-6 kV	1521
	PC-9-1×BBO	9.5	HV-12 kV	135
	PC-9-2×BBO	5	HV-6 kV	973
	PC-12-1×BBO	12.7	HV-15 kV	30
	PC-12-2×BBO	8	HV-8 kV	289
1/2 波电压操作	PC-6-2×BBO	7	HV-8 kV	377
	PC-9-2×BBO	9.5	HV-12 kV	135
	PC-12-2×BBO	12.7	HV-15 kV	30

2）普克尔盒驱动器参数

对于普克尔盒驱动器，EKSMA 公司的产品在市场上应用广泛，产品

图 3-7　D+G 公司电光普克尔盒实物图

比较成熟,主要分为 DPS/DPD、DPBX 及 DP-SP 三个系列。DPS 与 DPD 系列的主要区别是外置脉冲的触发方式不同,其中 DPS 采用单脉冲进行触发,DPD 采用双脉冲进行触发。不同版本的驱动器专为不同高压、重复频率及脉冲上升/脉冲下降时间的变化而设计。这三个参数相互依赖:更高的电压意味着更长的脉冲上升/脉冲下降时间,限制更高的重复频率。实际中当处于突发模式状态下,若驱动器不超过指定平均功率,则在 1 MHz 或更高的重频下都可以运行。三个系列产品的主要参数如表 3-7 所示。需要说明的是,表 3-7 中最大操作电压和最大重复频率不是同时达到的。DP-SP 系列的特点是可以实现较短的高压开启时间,在单脉冲选择应用中可以应用于 60 MHz 的重频。

表 3-7　EKSMA 公司不同型号普克尔盒驱动器的输出参数

参　数	产品系列		
	DPS/DPD	DPBX	DP-SP
最大操作电压/kV	5.2	7	3.6
高压上升时间/ns	<6～8.5	<6～9.5	<6～7
高压下降时间/ns	<6～8.5	<6～9.5	<6～7

续表

参　数	产　品　系　列		
	DPS/DPD	DPBX	DP-SP
高压持续时间/ns	100～5000	100～5000	15～5000
最大重复频率/MHz	>1	>1	>1
高压触发延迟/ns	45	45	30

对于实际产品,可以输出的电压如表 3-8 所示。实现指标上,在 7 kV 时,可实现的最大重复频率为 250 kHz;在 1 MHz 时,可实现的最大操作电压为 3.8 kV。产品实物图如图 3-8 所示。

表 3-8　EKSMA 公司实际典型普克尔盒驱动器的输出参数

参数	产　品　型　号			
	DPD-250-5.2-AI	DPD-1000-2.9-AI	DPBX-250-7.0-AI	DPBX-1000-3.8-AI
最大操作电压/kV	5.2	2.9	7.0	3.8
最大重复频率/kHz	250	1000	250	1000
高压持续时间/ns	100～5000	100～5000	100～5000	100～5000
高压上升时间/ns	<8.5	<7.5	<9.5	<6
高压下降时间/ns	<8.5	<7.5	<9.5	<6
高压功耗/W	<100	<120	<200	<210
高压电源	PS2-60	PS2-60	HV-2×200-3.6	HV-2×200-2.0

除了 EKSMA 公司以外,英国 G&H 公司(https://gandh.com/)的 HVR 系列普克尔盒驱动器也可实现输出 5 kV、200 kHz 重复频率的高压,

图 3-8　EKSMA 公司普克尔盒驱动器实物图

或 7.5 kV、100 kHz 重复频率的高压。美国的 IPOptica 公司（http://www.inputoptica.com/）的 PD-50-0250 驱动器最高可输出 5 kV、500 kHz 重复频率的高压。

德国 Bergmann Messgeräte Entwicklung KG 公司（https://www.bme-bergmann.de/）的普克尔盒驱动器是目前实现参数最高的，其驱动器最高可以工作在 22 kV 高压，具体产品可实现的输出电压、上升/下降时间以及重复频率的制约关系如表 3-9 所示，产品实物图如图 3-9 所示。

表 3-9　Bergmann Messgeräte Entwicklung KG 公司普克尔盒驱动器的输出参数

电压/kV	典型上升（下降）时间/ns	最大重复频率/kHz
1	4	15000
1.5	4	12000
2	4	10000
3	4	5000
4	5	2000
4	0.2	1
6	6	1000
8	10	900
8	0.25	0.1

续表

电压/kV	典型上升(下降)时间/ns	最大重复频率/kHz
10	10	700
12	10	450
15	15	10
18	15	2

图 3-9　Bergmann Messgeräte Entwicklung KG 公司普克尔盒驱动器实物图

3）国内普克尔盒生产商及其产品参数

国内普克尔盒生产商主要是福建福晶科技公司(https://gb.castech.com/)，其常规产品的技术参数如表 3-10 所示，实物如图 3-10 所示，可以提供单晶、双晶及三晶普克尔盒，通光口径范围为 3～7 mm。该公司普克尔盒驱动器的参数如表 3-11 所示，工作电压最高为 5 kV，重频最高为 100 kHz（此时电压最高为 4 kV）。除此以外，济南快谱光电可提供工作电压 4 kV，重频 200 kHz 的普克尔盒驱动器。

表 3-10　福晶科技 BBO 普克尔盒参数

产品型号	消光比	通光口径/mm	晶体数量	透过率
BPC-alS-C-w	≥1200∶1	3～7	单晶	≥99.3%
BPC-alD-C-w	≥1000∶1	3～7	双晶	≥99%
BPC-alT-C-w	≥800∶1	3～7	三晶	≥97.5%

图 3-10　福晶科技生产的普克尔盒和驱动器实物图

表 3-11　福晶科技普克尔盒驱动器参数

产品型号	工作模式	脉冲幅值/kV	最大重频/kHz	高压源	散热方式
PCD-S4-10-E-N	方波	1～4	10	内置	传导
PCD-S5-1-E-R	方波	1～5	1	内置	传导
PCD-S4-10-E-R	方波	1～4	10	内置	传导
PCD-S4-100-E-N	升压式	0～4	100	外置	水冷
PCD-S4-100-E-N	方波	0～4	100	PCD-PS-4	水冷
PSD-S3-200-E-N	方波	0～3	200	PCD-PS-3	水冷
PCD-S2-1000-E-N	方波	0～2	1000	PCD-PS-2	水冷

综上所述，目前在 BBO 普克尔盒上，国外的普克尔盒晶体最大口径可达 12 mm^2，封装结构上也有采用水冷封装结构，国内的普克尔盒晶体最大口径则一般为 8 mm^2 以下，并多采用普通的无冷却的圆柱体封装结构。在普克尔盒驱动器上，以 4 kV 高压为标准，Bergmann Messgeräte Entwicklung KG 公司的高压电源重复频率可达 2 MHz，而国内产品的目前仅能达到约 200 kHz，因此这方面的差距较大。

3. 空间光调制器

空间光调制器（spatial light modulator, SLM）是一类能将信息加载于一维或二维的光场上，以便有效地利用光的固有速度、并行性和互联能力的器件。这类器件可在随时间变化的电驱动信号或其他信号的控制下,改变空间上光分布的振幅、相位、波长和偏振态,或者把非相干光转化成相干光,被广泛应用于光学/数字混合相关、自动模式识别等系统的光电实时接口、阈值开关、输出显示等领域。

空间光调制器由许多独立单元构成,这些单元在空间分布成一维或二维阵列,每个单元都可以独立地被光信号或电信号控制,并且按照调制信号改变自身的光学特性,从而对照在其上的光波进行调制。空间光调制器分为光寻址和电寻址两大类。目前,关于光寻址空间光调制器的研究主要集中在科研领域,如南京大学、上海交通大学、国防科学技术大学都在做这方面的研究,市场上产品则很少,且价格昂贵。主流的空间光调制器的产品主要集中在电寻址类。

在目前的工业和科研应用中,空间形变 SLM 和液晶 SLM 两类产品商品化程度高,应用场景广泛。空间形变 SLM 是在光波传输面上,通过器件单元位移或倾转改变光波的传播距离(光程差)或角度来实现对输入光的控制的。这类器件包括利用电控压电陶瓷 PZT、MEMS、磁控形变器件等实现的变形镜、DMD 器件等。另一类重要的 SLM 是液晶空间光调制器(liquid crystal spatial light modulator, LC-SLM),其原理为利用液晶的电光效应实现对光波强度、相位及偏振态的变换。

(1) 美国 TI 公司(空间形变 SLM)。

美国 TI 公司的 DMD 芯片是一种典型的商品化空间光调制器。该芯片由 $m \times n$ 个微镜阵列构成,每个微镜相当于一个单元反射镜,可以极快地上下翻转,使得每个单元上的光束出射角度不同,从而改变整个光束的空间特性分布。

在过去,DMD 主要应用于显示成像领域。目前,TI 公司越来越重视传统显示成像之外的光学控制市场,在光刻、红外、结构光照明等领域正快速部署新的产品模块,因此,其以 DMD 为代表的空间光调制器应用及研究将会涌现很多成果。DMD-SLM 未来会朝着模块化、小型化和专有化方向发展。

表3-12所示为TI公司的产品参数,其DMD芯片最大尺寸可达0.9英寸(1英寸＝2.54 cm),最高分辨率可以做到3840×2160,最小微镜间距为5.4 μm。

表3-12 TI公司的产品列表(DMD产品参数)

芯片尺寸	产品型号	空间分辨率	显示格式	像元尺寸	芯片形状
0.6英寸	DLP650NE	1920×1080	1080p	7.56 μm	方形
	DLP650LE	1280×800	WXGA	10.8 μm	方形
	DLP6500FLQ	1920×1080	1080p	7.6 μm	方形
	DLP6500FYE	1920×1080	1080p	7.6 μm	方形
	DLP650LNIR	1280×800	WXGA	10.8 μm	方形
	DLP660TE	3840×2160	4K UHD	5.4 μm	方形
0.7英寸	DLP7000	1024×768	XGA	13.68 μm	方形
	DLP7000UV	1024×768	XGA	13.68 μm	方形
0.9英寸	DLP9000	2560×1600	WQXGA	5.4 μm	方形
	DLP9000X	2560×1600	WQXGA	5.4 μm	方形
	DLP9000UV	2560×1600	WQXGA	5.4 μm	方形
	DLP9000X－UV	2560×1600	WQXGA	5.4 μm	方形
	DLP9500	1920×1080	1080p	10.8 μm	方形
	DLP9500UV	1920×1080	1080p	10.8 μm	方形
	DLP9600	1920×1200	WUXGA	10.8 μm	方形

(2)法国ALPAO公司(空间形变SLM)。

法国ALPAO公司是变形镜领域的著名厂商,拥有超过13年的从业经验,旨在通过消除像差来彻底改变光学。自2008年以来,该公司设计和制造用于研究和工业的全系列自适应光学产品。ALPAO公司主营可变形反射镜、波前传感器和适合用户应用的软件。产品应用领域包括天文学、眼科、显微镜、无线光通信和激光应用等。法国 ALPAO 公司的变形镜采用的是磁控形变驱动。

ALPAO 公司生产的变形镜最大可支持 PV=90 μm 的变形量,响应时间小于 400 μs,平面时的面型小于 7 nm RMS,激光损伤阈值为 880 mJ/cm^2(@12 ns,10 Hz,1064 nm)。

(3) 日本滨松公司(液晶 SLM)。

日本滨松公司生产的空间光调制器是采用硅基液晶(liquid crystal on silicon,LCOS)芯片来调节光波前的振幅或相位的光学器件。LCOS 芯片是由液晶像元组成的像素阵列,每个像素都能单独地调制光。对于同一束光来说,像元的尺寸越小,调制得就越精细;像素的个数就是芯片的分辨率,分辨率越高,可调制的自由度就越高。滨松公司可提供高性能、多系列的空间光调制器产品。

滨松公司的 LCOS-SLM 产品特点在于能承受较高的激光功率密度。由表 3-13 可见,对于工业常用的激光波段,其器件反射率均能达到 97%。

表 3-13　滨松公司器件对工业常用激光波段的利用效率

参　　数	光波长 /nm	光利用效率 /%	上升时间 ×2/ms	下降时间 ×2/ms
X15213-01	400～700	79(633 nm)	5(633 nm)	25(633 nm)
X15213-02 X15213-02L X15213-02R	800±50	97(785 nm)	30(785 nm)	80(785 nm)
X15213-03 X15213-03L X15213-03R	1050±50	97(1064 nm)	25(1064 nm)	80(1064 nm)
X15213-05	410±10	97(405 nm)	10(405 nm)	20(405 nm)
X15213-07	620～1100	82(1064 nm)	10(1064 nm)	80(1064 nm)

续表

参　数	光波长/nm	光利用效率/%	上升时间 ×2/ms	下降时间 ×2/ms
X15213-08	1000~1550	82(1064 nm)	30(1064 nm)	140(1064 nm)
X15213-13	530~630	97(532 nm)	10(532 nm)	25(532 nm)
X15213-16 X15213-16L X15213-16R	510±50	97(532 nm)	11(532 nm)	34(532 nm)

表 3-14 所示的是滨松公司 SLM 产品的损伤测试结果。在外接水冷的情况下，其液晶能承受的平均激光功率为 200 W/cm²。

表 3-14　滨松公司 SLM 产品的损伤测试结果

飞秒激光光源参数	脉冲能量	峰值功率
800 nm Ti：S 激光器，脉宽 30 fs，重复频率 10 Hz	2.04 mJ/cm²	68 GW/cm²
Ti：Sa 激光器，脉宽 50 fs，重复频率 1 kHz，平均功率 2.73 W/cm²	2.9 mJ/cm²	54 GW/cm²
Ti：Sa 激光器，脉宽 50 fs，重复频率 80 MHz，平均功率 3 W/cm²	48 nJ/cm²	1 MW/cm²

（二）工业激光器国际对标

1. 半导体激光器

工业激光器中的半导体激光器主要有两个用途：一是作为光纤激光器和固体激光器的泵浦源，二是进行直接应用。

国际上直接应用的大功率半导体激光器主要由德国、美国"平分天下"。在半导体激光技术方面，主要有德国 Rofin-Sinar 公司、Fraunhofer 激光技术研究所（ILT），以及英国曼彻斯特大学 Lin Li 教授团队；主要供应商有德国的 Laserline 公司、DILAS 公司、Rofin-Sinar 公司，以及美国的 TeraDiode 公司、Coherent 公司等。在半导体激光器产品方面，主要有德国的 Rofin-Sinar 公司、Fraunhofer ILT、Laserline 公司、DILAS 公司，以及美国的 TeraDiode 公司、Coherent 公司等。

德国 DILAS 公司报道了 4 kW（芯径 400 μm，NA＝0.12）5 波长光纤耦合模块，电光效率为 49%；德国通快公司报道了 4 kW（芯径 200 μm，NA＝0.11）光纤耦合输出模块，电光效率为 40%；TeraDiode 公司利用光谱合束技术推出了 4 kW（芯径 100 μm，NA＝0.08）、电光效率为 44% 的光电耦合输出半导体激光器；Laserline 公司推出了 25 kW（芯径 2 mm，NA＝0.2）4 波长光纤耦合模块。Coherent 公司 HighLight D 系列输出功率可达 10 kW，波长为 975 nm，电光效率大于 45%。Rofin-Sinar 公司 DF 系列输出功率为 4～6 kW，光束质量为 110 mm·mrad（耦合进芯径 1000 μm 光纤），如图 3-11 所示。TeraDiode 公司实现光束参量乘积最佳可达 3 mm·mrad，在单根芯径为 50 μm、数值孔径为 0.15 的光纤耦合输出时，单波长的输出功率可达 2030 W。2014 年，该公司还推出了 4 kW 直接半导体激光器，100 μm 光纤，BPP 可达 4 mm·mrad。德国 LIMO 公司的 DIOCUT 系统和激光二极管阵列激光器系统已用作不同材料的激光熔覆、有氧切割。

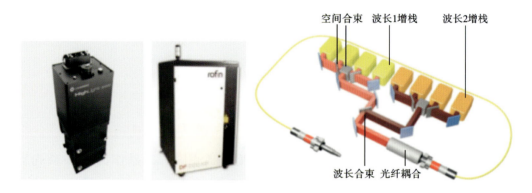

图 3-11　Rofin-Sinar 公司 DF 系列半导体激光器

直接二极管激光器的 BPP 在几到几十 mm·mrad。美国 Ⅱ-Ⅵ 公司生产多种直接二极管激光器产品,功率从几瓦到数千瓦;同时也提供多种类型的单管和巴条,它们可用于其直接二极管激光器产品中。中低功率范围内的所有系统,均基于Ⅱ-Ⅵ公司专有的单管产品。通过垂直堆叠多模、高功率单管,并使用偏振合束,可以在功率高达 300 W 的小型传导冷却型模块中,实现约 6~15 mm·mrad 的 BPP 值。这些模块集成到广泛的光纤尾纤模块中,用于光纤激光器的泵浦。例如Ⅱ-Ⅵ公司的 DirectLight900 产品线,该系统可以实现非常高的功率,非常适合材料加工应用。在 DirectProcess900 产品中,高功率光束是通过波长复用激光器叠阵和偏振合束子模块来实现的。这种方法使 DirectProcess900 产品能够在 100 W 至超过 1 kW 的大功率范围内,实现 6 mm·mrad 的 BPP 值。然后,平顶光束轮廓可以在自由空间或通过芯径 100 μm 或 200 μm 的光纤传输到工件上。由于波长复用,这些系统发射光的波长范围在 900~980 nm 之间。Ⅱ-Ⅵ公司最近扩展了 DirectProcess900 产品系列,提供了具有高功率、波长稳定的基于巴条的模块,该模块具有平顶光束轮廓,BPP 值为 5 mm·mrad。基础模块可实现小于 25 nm 的带宽和 1.5 kW 的输出功率。这些基础模块可以直接应用于加工领域,例如用于切割和焊接,以及高能激光器泵浦。波长复用将该平台的功率水平扩展到几千瓦范围,而光束特性没有任何变化。这些产品的冷却系统和驱动器电子产品也将很快提供。Ⅱ-Ⅵ公司还生产光束传输产品,例如高功率光缆和激光加工头。DirectProcess900 FlexShape 激光具有 6 mm·mrad 的自由空间矩形 BPP,并配备了远程控制的可变光束整形器,可生成矩形光束轮廓,其长度和宽度可在 0.2 mm 至 50 mm 以上的范围内快速调整。

美国 Lasertel 公司专为各种材料加工应用量身定制高功率直接二极管激光系统,系统输出功率可以从连续波 100 W 到 50 kW,脉冲功率超过 1 MW。Lasertel 公司的 T6 激光二极管阵列,最高可提供 25 kW 峰值功率或 2 kW 平均功率,可用波长范围 760~1700 nm。通过添加量身定制的准直和调节微光学元件,可以对光学能量进行整形,以加热特定应用的工作区域,例如线、矩形或介于两者之间的任何形状。T6 已被用作自动纤维铺放(AFP)机器内部的热源。

半导体激光器焊接机器人系统最大的应用市场是汽车工业、各种钣金件焊接、有色金属焊接等。美国、德国最早将高功率半导体激光器用于汽车钣金件的切割、焊接,使汽车改型的周期从 5 年缩短到 2 年。

2. 光纤激光器

根据《Laser Focus World》发布的数据,近年来,工业激光器的市场规模快速增长。其中光纤激光器的增速更快,从 2015 年到 2020 年,光纤激光器的市场规模从 11.68 亿美元增至 27.17 亿美元。同期,光纤激光器在工业激光器中的占比也从 40.8% 提升至 52.68%,是市场份额最大的工业激光器。

光纤激光器是采用光纤作为工作介质的激光器,性能优越。光纤具有体积小、可缠绕、面积体积比高、半导体激光器直接泵浦、效率高等特性,因而具备实现大功率输出的优势。玻璃光纤的增益带宽相对较宽,因而也有助于超短脉冲飞秒激光的产生。通过光纤波导设计,并采用双包层泵浦结构,光纤激光器可用于实现亮度转换,以获得高功率且光束质量优异的激光输出。在结构上,光纤激光器谐振腔可采用全光纤结构,因此其具备免调节、免维护、稳定性高等优点。此外,光纤激光器输出的激光可直接用光纤导出,因此光纤激光器具有优良的加工适应性。

经过多年的发展,中国已经能够生产大部分的工业光纤激光器,中低功率的光纤激光器基本完成了国产化进程,国产高功率光纤激光器的市场份额也在稳步提升。

下面对用于工业加工的光纤激光器技术指标进行国际对标。选取的代表性国外供应商包括美国 IPG Photonics 公司、丹麦 NKT Photonics 公司和德国 Active Fiber Systems 公司,国内供应商包括锐科激光,安扬激光和光至科技。

1）单模高功率连续波光纤激光器

单模高功率连续波光纤激光器输出功率可达 3～10 kW，其具备高功率、高光束质量的优势。该产品适用于切割、焊接、打孔、医疗器件加工等多种应用场合，相对于其他同类型激光器优势明显。代表性产品为锐科 RFL-C6000S，最高功率为 6kW；美国 IPG YLS-10000-SM，最高功率为 10 kW，如表 3-15 所示。

表 3-15　单模高功率连续波光纤激光器代表性产品参数

参　数	产　品　型　号	
	锐科 RFL-C6000S	IPG YLS-10000-SM
最高功率/W	6000	10000
中心波长/nm	1080±5	1070±10
光束质量	$M^2<1.5$(25 μm 纤芯)	TEM_{00} 模式

2）多模组高功率连续波光纤激光器

多模组高功率连续波光纤激光器输出功率范围涵盖 4～30 kW，乃至 100 kW，可广泛应用于焊接、精密切割、熔覆、表面处理、3D 打印等领域，在质量和成本方面都超越了传统非激光技术和具有竞争关系的激光技术。其光纤输出特征使其更易于与机器人集成为柔性制造装备，从而满足三维加工的需求。代表性产品为锐科 RFL-C30000，最高功率为 30 kW；美国 IPG YLS-CUT，最高功率为 20～100 kW，如表 3-16 所示。

表 3-16　多模组高功率连续波光纤激光器代表性产品参数

参　数	产　品　型　号	
	锐科 RFL-C30000	IPG YLS-CUT
最高功率/kW	30	20(100)
中心波长/nm	1080±5	1070±5
BPP/mm·mrad	<7(150 μm 纤芯)	<6.0(150 μm 纤芯)

3）准连续光纤激光器

准连续光纤激光器是现有的灯泵 YAG 激光器的替代品，它具有更高的电光转换效率、更好的光束质量、更少的维护成本等优势。准连续光纤激光器是点焊、缝焊和钻孔等需要长脉宽、高峰值的工业应用的理想选择。代表性产品为锐科 RFL-QCW 1500/15000,平均功率 1500 W,峰值功率 15000 W;美国 IPG YLS-2300/23000-QCW,平均功率 2300 W,峰值功率 23000 W,如表 3-17 所示。

表 3-17　准连续光纤激光器代表性产品参数

参　数	产　品　型　号	
	RFL-QCW 1500/15000	IPG YLS-2300/23000-QCW
工作模式	连续和脉冲	连续和脉冲
中心波长/nm	1080±5	1070±5
BPP/mm·mrad	<4(@100 μm)	4.2(@100 μm)
平均功率/W	1500	2300
峰值功率/W	15000	23000
最大脉冲能量/J	150	230
脉冲宽度/ms	0.05～50	0.2～10

4) 纳秒光纤激光器

纳秒光纤激光器具有高平均功率、高峰值功率、脉宽可选、重复频率可调,脉宽可在线修改等特点,可用于太阳能光伏、薄膜切割、薄板材料切割、焊接、材料表面清洗、精细打标、深度标刻等领域。代表性产品为锐科 RFL-P200S,平均功率 200 W,最大脉冲能量 1 mJ;光至 YFPN-200-GMZ,平均功率 200 W,最大脉冲能量 2 mJ;美国 IPG YLPN-2-20×500-300,平均功率 300 W,最大脉冲能量 2 mJ,如表 3-18 所示。

5) 高功率纳秒光纤激光器

高功率纳秒脉冲光纤激光器脉冲能量可达 100 mJ,脉冲持续时间为 20～160 ns,平均输出功率可达 1 kW 以上,重复频率为 2～50 kHz,可用于高通量表面处理,例如脱漆、涂层去除、表面清洁和纹理化等。代表性产品

表 3-18　纳秒光纤激光器代表性产品参数

参　数	产 品 型 号		
	RFL-P200S	YFPN-200-GMZ	IPG YLPN-2-20×500-300
中心波长/nm	1064±5	1060～1080	1064
平均功率/W	200	200(350)	300
最大脉冲能量/mJ	1	2	2
脉冲宽度/ns	10～240	2～500	20～500
重复频率/kHz	20～2000	1～3000	2～4000
光束质量	$M^2 \leqslant 1.8$	$M^2 \leqslant 1.4$	$M^2 \leqslant 1.5$

为锐科 RFL-P2000,平均功率 2000W,脉冲能量 100 mJ;美国 IPG YLPN 100 mJ-1000 W,平均功率 1000W,脉冲能量 100 mJ,如表 3-19 所示。

表 3-19　高功率纳秒光纤激光器代表性产品参数

参　数	产 品 型 号	
	RFL-P2000	IPG YLPN 100 mJ-1000 W
输出功率/W	2000	1000
中心波长/nm	1064±5	1064±2
光束质量	NA	NA
脉冲能量/mJ	100	100
脉冲宽度/ns	120～160	20～100
重复频率/kHz	20～50	2～50

6) 光纤超快激光器

超快激光器面向激光精密加工领域,已经逐步渗透到 PCB 制造、精密机械制造、玻璃切割、OLED 面板加工、手机部件加工、医疗器械加工、光伏等领域。光纤超快激光器具备光斑模式好、脉冲能量稳定性高、可支持飞秒脉冲、平均功率高等优势。代表性产品为安扬 FemtoYL 2-100,平均功率 100 W,脉冲能量 300 μJ,脉冲宽度 400 fs～10 ps 可调;丹麦 NKT aero-

PULSE FS50,平均功率 50 W,脉冲能量 40 μJ,脉冲宽度 500 fs～3 ps 可调,如表 3-20 所示。

表 3-20 光纤超快激光器代表性产品参数

参 数	产 品 型 号	
	FemtoYL2-100	NKT aeroPULSE FS50
输出功率/W	100	50
中心波长/nm	1030±5	1030±5
重复频率/kHz	25～500	1000～2000
脉冲能量/μJ	300	40
脉冲宽度	400 fs～10 ps 可调	500 fs～3 ps 可调
光束质量	$M^2 \leqslant 1.3$	$M^2 \leqslant 1.3$

7) 高功率光纤超快激光器

高功率光纤超快激光器是在光纤超快激光器基础上通过相干合束来实现的。高功率光纤超快激光器适合复合材料加工、高产率工业加工、3D 打印等需要高重频的激光应用。典型产品为德国 AFS Ytterbium-2000,平均功率 2000 W,脉冲能量 20 mJ,脉冲宽度 250 fs～5 ps 可调;安扬 FemtoYL-1000 W,平均功率 1000 W,脉冲能量 2 μJ(未采用合束技术),脉冲宽度 500 fs,如表 3-21 所示。

表 3-21 高功率光纤超快激光器典型产品参数

参 数	产 品 型 号	
	FemtoYL-1000W	AFS Ytterbium-2000
输出功率/W	1000	2000
中心波长/nm	1064	1030
脉冲能量	2 μJ	20 mJ
重复频率	0.5 GHz/1 GHz	50 kHz～20 MHz
脉冲宽度	500 fs	250 fs～5 ps 可调
光束质量	$M^2 \leqslant 1.3$	$M^2 \leqslant 1.2$

综上所述，对连续波光纤激光器，单模组产品的输出功率可达 2～10 kW，多模组产品的输出功率可达 20～100 kW。对准连续光纤激光器，平均功率为 2 kW 左右。对纳秒光纤激光器，高光束质量纳秒光纤激光器最大脉冲能量为 2 mJ，高功率纳秒脉冲光纤激光器的脉冲能量可达 100 mJ。对光纤超快激光器，脉冲能量为 300 μJ，通过采用合束技术，脉冲能量可达 20 mJ。

由以上国际对标可见，对连续波、准连续、纳秒光纤激光器，国内和国外产品的技术指标保持在同一水平。对光纤超快激光器，国内产品已经具备较高的技术水平。光纤超快激光器的趋势是进一步向高功率、高能量发展，主要通过合束技术来实现，这方面国内企业尚无类似产品。

3. 薄片激光器

1）薄片激光器的基本结构

薄片激光器是一种二极管泵浦固体激光器，由德国斯图加特大学 Giesen 等人于 1994 年发明，距今发展了二十多年，已经成为工业激光市场的一种主流激光光源。不同于传统的棒状或块状激光器，薄片激光器的增益介质为薄片形状，其厚度仅为 100～300 μm，直径最大可达 30 mm，这极大地提高了增益介质的热传导效率。这也使得薄片激光器的结构和一般固体激光器不同，其基本原理如图 3-12 所示，它有如下几个显著特点。一是薄片增益介质一面镀高反膜，一面镀高透膜，并在增益晶体的镀高反膜的一面进行冷却，通过将冷却面作为谐振腔的端镜或者腔镜，可以使得激光方向和温度梯度方向平行。由于增益介质通过背面固定在热沉上，当泵浦光的直径远大于薄片厚度时，激光晶体热流传输过程可以看作是沿增益介质纵向的一维热传导，从而最小化热透镜和热致双折射效应。二是它采用纵向泵浦，泵浦光沿着厚度方向通过增益介质，与激光振荡方向接近，使得激光和泵浦光有较好的模式空间交叠，从而实现高效率、高光束质量的激光输出。三是泵浦光多次通过薄片晶体。由于较薄的增益介质单程吸

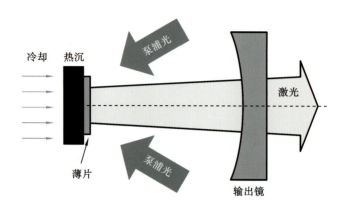

图 3-12 薄片激光器的基本原理

收有限,通过端面进行多次泵浦可以有效地提高泵浦光的吸收效率。经典的多次泵浦系统结构如图 3-13 所示,用于泵浦的半导体激光器经过光纤匀化或者匀化石英棒后,成像到薄片表面,可以在薄片上实现具有适当功率密度的、非常均匀的泵浦分布,这是良好的光束质量所必需的。未被吸收的部分泵浦光在抛物面镜的另一侧再次准直。该光束使用两个镜子重定向到抛物面镜的另一部分,在那里泵浦光束再次聚焦到薄片上。通过一直重复的成像结构,直到泵浦光在抛物面上环行了一周。最后通过全反镜,让泵浦光原路返回,使得泵浦光通过薄片的次数翻倍。其中图 3-13(a)所

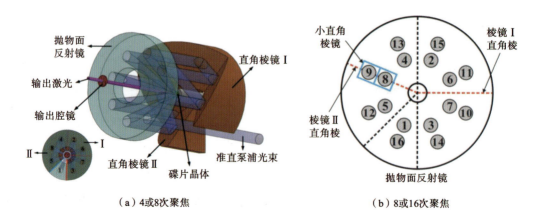

(a) 4或8次聚焦　　　　　　　　(b) 8或16次聚焦

图 3-13 基于单抛物面镜和大型直角棱镜组的多次泵浦方案结构示意图

示为泵浦光在抛物面上环行一周的示意图,图 3-13(b)所示为通过使用小直角棱镜实现泵浦光在抛物面上环行两周的示意图,进一步增加了泵浦次数。通过这种方式,实现了多达 32 次甚至更多次泵浦光通过薄片晶体,可以保证 90% 以上的泵浦光被薄片吸收。当采用这种结构后,输出激光的功率和能量标定放大可以简单地通过扩大薄片上的泵浦光斑来实现。

由于薄片激光器的激光光斑较大,所以和光纤激光器相比,薄片激光器可以实现更高峰值功率及脉冲能量的激光输出;另外,薄片激光器的增益介质较薄,这使得薄片激光晶体具有的非线性效应很低,在实现超短脉冲激光方面具有很大的优势。正因为如此,薄片激光器是当前同时实现高平均功率、高峰值功率、大脉冲能量、高光束质量最有潜力的技术方案。

2) 各类薄片激光器的技术指标

薄片激光器和一般的固体激光器类似,可以实现从连续到各种脉冲宽度的激光输出,输出激光模式上也可以分为基模或多模。在脉冲薄片激光器方面,实现纳秒光的主要技术为声光调 Q 技术以及腔倒空调 Q 技术,实现皮秒或飞秒的激光技术为锁模技术和放大技术。目前,连续薄片激光器基模输出已实现了万瓦级的突破。基于腔倒空技术的纳秒薄片激光器的输出功率达到了 4.2 kW,重复频率为 40 kHz,单脉冲能量为 180 mJ,光束质量 $M^2 <14$。进一步通过倍频技术,实现了平均功率 1.8 kW 的 515 nm 激光输出。通过三倍频技术,实现了 500 W 的 343 nm 的紫外激光输出。在超快激光器方面,薄片激光器也取得了很大的进展;对于超快薄片激光器,目前已实现的标志性参数如表 3-22 所示。基于锁模技术的薄片振荡器平均功率最高实现了 350 W,单脉冲能量最高实现了 80 μJ;基于再生放大技术的超快薄片激光系统实现了平均功率 1 kW,单脉冲能量 200 mJ 的激光输出;基于薄片多通放大技术,甚至获得了超过焦耳级的脉冲激光输出。这些技术指标最大的特点在于薄片激光器在获得高平均功率的同时,单脉冲能量比其他激光器高出数个数量级。超快光纤激光器、超快板条激光器及超快薄片激光器输出特性的对比如图 3-14 所示。

表 3-22　超快薄片激光器已实现的一些标志性参数

年　份	平均功率	脉冲能量	重复频率	脉冲宽度
锁模技术				
2019	350 W	40 μJ	8.88 MHz	940 fs
2015	75 W	0.29 μJ	260 MHz	215 fs
2014	242 W	80 μJ	3.03 MHz	1.07 ps
再生放大技术				
2019	1.9 kW	95 mJ	20 kHz	800 fs
2017	1 kW	200 mJ	5 kHz	1.08 ps
2015	500 W	500 mJ	1 kHz	1.8 ps
多通放大技术				
2020	720 W	720 mJ	1 kHz	920 fs
2016	2 kW	6.7 mJ	300 kHz	6.5 ps
2015	100 W	1 J	100 Hz	1 ns（可压缩）

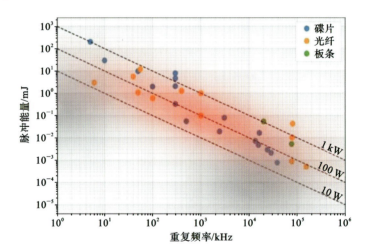

图 3-14　部分超快光纤激光器、超快板条激光器及超快薄片激光器输出特性

3）薄片激光器产品

世界上最大的薄片激光器生产商为德国的 TRUMPF 公司（https://www.trumpf.com/）及其子公司 TRUMPF Scientific 公司（https://www.

trumpf-scientific-lasers.com/），他们的薄片激光器的各项输出指标均处于国际最高水平。下面将对当前基于薄片技术的主要工业产品进行分析。TRUMPF 公司目前的薄片激光器产品按照运转方式可分为连续（TruDisk）、纳秒（TruMicro 7000）及皮秒（TruMicro 5000）等三种，按照输出波长可分为红外、绿光及紫外等三种。

（1）连续薄片激光器 TruDisk 系列。

如图 3-15 所示，TruDisk 系列连续薄片激光器目前已经发展到了第 6 代，单碟输出功率最高可达 12 kW。该系列产品数目很多（包括了平均功率 1~16 kW 的激光输出），产品主要根据输出功率及输出激光的光束质量（NA＝0.1 时，可耦合进的纤芯最细的光纤）进行分类，其命名规则如图 3-16 所示。

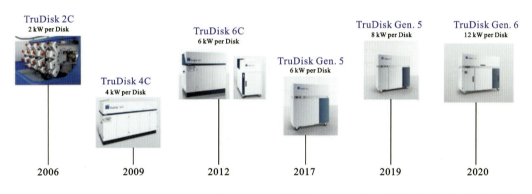

图 3-15　通快 TruDisk 系列激光器迭代历史

基于单薄片单谐振腔高功率 TruDisk 系列的激光器主要参数如表 3-23 所示，输出功率最高的产品为 TruDisk 12001，最高可输出 12000 W，光束质量为 4 mm·mrad，其结构示意图如图 3-17 所示，其中泵浦光通过薄片的次数为 72 次，保证了泵浦光的完全吸

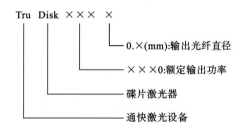

图 3-16　通快 TruDisk 系列激光器命名规则

收，光光效率超过了 70%。激光谐振腔由多个谐振腔折叠镜、一个带功率

测量的 HR 端镜和一个输出耦合镜构成。通过功率测量可以实现激光器输出功率稳定。然后,将激光束从输出耦合镜引导到光纤耦合端口,在这些端口之间,激光束可以使用光束开关组件在小于 100 ms 的时间范围内来回切换。进一步从表 3-23 中可知,超过 6 kW 后,TruDisk 激光器的最好光束质量均为 4 mm·mrad。第 5 代 TruDisk 8001 输出功率为 8 kW,光束质量为 4 mm·mrad,而外形尺寸更小一些。TruDisk 6000 与 TruDisk 12001 具有相同的外形尺寸,但光束质量为 2 mm·mrad,比 TruDisk 12001 好一倍。TruDisk 激光器的光束质量主要和谐振腔的结构以及薄片的热变形有关,在高平均功率输出时,若要有更好的光束质量,则要求谐振腔长度更长,薄片的热变形更低。通过使用两台 TruDisk 12001 激光器进行偏振合束可实现超过 20 kW 的连续激光输出,这样可保证功率翻倍的同时光束质量几乎不变,其结构图如图 3-18 所示。光束质量为 2 mm·mrad,平均功率为 8 kW 的 TruDisk 8000 也已经在实验室中实现。

表 3-23 基于单薄片单谐振腔的高功率 TruDisk 连续激光器的主要参数

参数	产品型号				
	TruDisk 6000	TruDisk 6001	TruDisk 8001	TruDisk 10001	TruDisk 12001
激光功率/W	6000	6000	8000	10000	12000
输出波长/nm	1030	1030	1030	1030	1030
光束质量/mm·mrad	2	4	4	4	4
数值孔径	0.1	0.1	0.1	0.1	0.1
光纤芯径/μm	50	100	100	100	100
宽度/mm	1620	1175	1175	1620	1620
高度/mm	1475	1430	1430	1475	1475
长度/mm	920	725	725	920	920

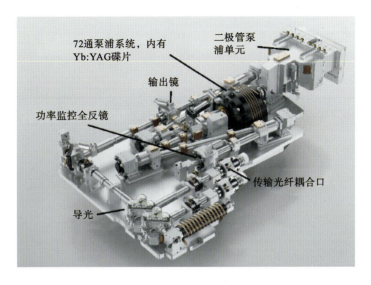

图 3-17　TruDisk 12001 结构示意图

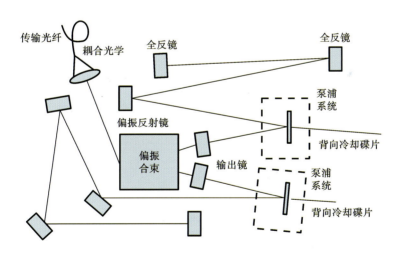

图 3-18　偏振合束谐振腔结构图

早期 TruDisk 激光器为了实现高功率的输出,采用在一个谐振腔内串接多个薄片的方法,但一般腔内串接多个薄片会使激光器的输出光束质量发生一定的退化。部分基于多碟串接的 TruDisk 连续激光器的主要参数如表 3-24 所示,和前面单薄片连续激光器相比,此时激光器的光束质量从常规的 4 mm·mrad 变为 8 mm·mrad,而结构尺寸上也显著变大。一个

4 碟串接结构 TruDisk 薄片激光器如图 3-19 所示。

表 3-24　基于多薄片的 TruDisk 连续激光器的主要参数

参　数	产　品　型　号			
	TruDisk 8002	TruDisk 10002	TruDisk 16002	TruDisk 16003
激光功率/W	8000	10000	10000	16000
输出波长/nm	1030	1030	1030	1030
光束质量/mm·mrad	8	8	8	12
数值孔径	0.1	0.1	0.1	0.1
光纤芯径/μm	200	200	200	300
宽度/mm	1990	1990	2800	2800
高度/mm	1550	1550	1550	1550
长度/mm	1200	1200	1400	1400

图 3-19　4 碟串接薄片激光器

(2) 连续及准连续绿光薄片激光器 TruDisk 系列。

连续绿光薄片激光器的主要参数如表 3-25 所示,结构图如图 3-20 所示,它通过在连续薄片激光器中加入倍频晶体以实现高功率的绿光输出。

在实现连续绿光输出上,薄片激光器与其他激光器相比具有多项优势。对于实现高效的二次谐波,需要窄光谱带宽的偏振光。通过使用偏振和波长稳定器件,在薄片激光器中很容易实现这些要求。薄的增益介质也可以抑制非线性,非线性可能会引入不希望的光谱展宽,允许通过简单地增加泵浦光光斑的直径而不改变功率密度和损伤阈值来定标放大输出激光的平均功率。再加上它对泵浦光光束质量的要求很低(在成本方面具有优势),上述特性使得薄片激光器成为绿光光源的完美选择。所需的光束质量也可以通过激光谐振腔的设计来实现。通过使用腔内倍频技术及优化系统的热负载,通快公司在实验室中实现了最高 4300 W 的连续绿光输出,光光效率达到了 55%。

表 3-25 连续绿光薄片激光器 TruDisk 系列的主要参数

参 数	产 品 型 号		
	TruDisk 1020	TruDisk 2021	TruDisk 3022
激光功率/W	1000	2000	3000
输出波长/nm	515	515	515
光束质量/mm·mrad	2	4	8
数值孔径	0.1	0.1	0.1
光纤芯径/μm	50	100	200
宽度/mm	1340	1340	1340
高度/mm	1430	1430	1430
长度/mm	725	725	725

除了连续绿光激光器,通快公司还推出了准连续的绿光激光器 TruDisk Pulse 221 和 TruDisk Pulse 421,它们的主要参数如表 3-26 所示,虽然平均功率最大仅为 200 W 和 400 W,但峰值功率可以分别达到 2 kW 和 4 kW,单脉冲宽度也可以在 0.3～50 ms 调节。

(3) 纳秒脉冲 TruMicro 7000 系列。

通过采用腔倒空技术,薄片激光器可以产生脉宽在数十纳秒的激光脉

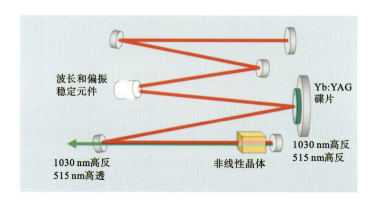

图 3-20　连续绿光薄片激光器结构图

表 3-26　准连续绿光薄片激光器 TruDisk Pulse 系列的主要参数

参数	产品型号	
	TruDisk Pulse 221	TruDisk Pulse 421
激光功率/W	200	400
峰值功率/kW	2	4
输出波长/nm	515	515
最大能量/J	20	40
最大占空比/%	10	10
脉冲宽度/ms	0.3～50	0.3～50
光束质量/mm·mrad	4	4
数值孔径	0.1	0.1
光纤芯径/μm	100	100
宽度/mm	1340	1340
高度/mm	1430	1430
长度/mm	725	725

冲。表 3-27 所示为 TruMicro 7000 系列激光器的输出参数。其中 TruMicro 7070 最高可实现 2 kW 平均功率的激光输出，脉冲宽度为 30 ns，在 5 kHz 时可实现 100 mJ 的激光输出。表 3-27 中光束质量主要由耦合光纤

的纤芯决定。TruMicro 7050 的谐振腔结构如图 3-21 所示，泵浦光斑为 6.3 mm，光光效率约为 50％。

表 3-27　TruMicro 7000 系列激光器的输出参数

参　　数	产　品　型　号			
	TruMicro 7050	TruMicro 7060	TruMicro 7070	TruMicro 7240
激光功率/W	750	1000	2000	300
输出波长/nm	1030	1030	1030	515
脉冲宽度/ns	30	30	30	300
最大能量/mJ	80	100	100	7.5
最大重频/kHz	100	100	100	100
最小重频/kHz	5	5	5	20
光束质量 /mm·mrad	20	10	10	4
数值孔径	0.1	0.1	0.1	—
光纤芯径/μm	400	300	300	—
宽度/mm	1460	1340	1340	1460
高度/mm	1350	1430	1430	1350
长度/mm	730	725	725	730

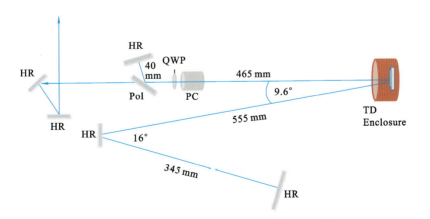

图 3-21　TruMicro 7050 的谐振腔结构示意图

(4)纳秒紫外脉冲 TruMicro 8300 系列(原 7300 系列)。

基于 TruMicro 7000 系列激光器,TruMicro 8300 采用三倍频技术获得 343 nm 的激光输出,其主要参数如表 3-28 所示,最高可以输出 400 W 平均功率的紫外激光,重频最低为 10 kHz,此时单脉冲高达 40 mJ。TruMicro 7370 的结构示意图如图 3-22 所示,TruMicro 7380 的结构示意图如图 3-23 所示。其中 TruMicro 7370 采用了一级的三倍频技术,而 TruMicro 7380 采用了两级的三倍频技术,最高可以获得 500 W 的紫外光输出,红外光到紫外光的转换效率约为 40%。即使受到晶体寿命的影响,该紫外激光器的工作时间仍然为 8000~10000 h,在市场上处于较高的水平。

表 3-28 TruMicro 8300 激光器的输出参数

参数	产品型号		
	TruMicro 7370	TruMicro 8320	TruMicro 8340(7380)
激光功率/W	180	200	400
输出波长/nm	343	343	1030
脉冲宽度/ns	15±3	15±3	15±3
最大能量/mJ	18	20	40
最小重频/kHz	10	10	10
光束质量/mm·mrad	约为 2.45	约为 2.45	约为 2.45
宽度/mm	810	810	810
高度/mm	450	450	450
长度/mm	2131	2131	2131

(5)皮秒飞秒脉冲 TruMicro 5000 系列。

TruMicro 5000 系列激光器为超快薄片激光器,包括红外、绿光及紫外三种波长的输出,脉宽上分为皮秒和飞秒两个版本。该系列激光器在 2000 年就已经立项。2003 年,第一台原型机 Quattro 诞生。2009 年,第二代样

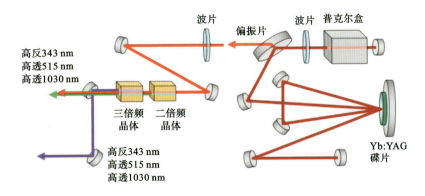

图 3-22　TruMicro 7370 的结构示意图

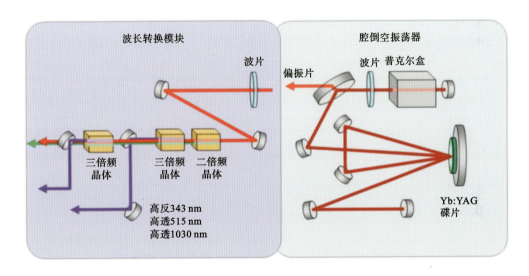

图 3-23　TruMicro 7380 的结构示意图

机正式面向市场发布,并应用于汽车行业的喷油嘴钻孔项目,是世界上第一台工业级皮秒激光器。2013 年,通快公司因 TruMicro 5000 系列激光器获得德国未来奖。TruMicro 5000 系列激光器的主要参数如表 3-29 所示,红外皮秒激光器的最大平均功率为 150 W,单脉冲能量最大为 500 μJ。红外飞秒激光器平均功率最高为 120 W,单脉冲能量最高为 200 μJ。表 3-30 和表 3-31 分别为对应的绿光和紫外皮秒或飞秒激光器,其中皮秒绿光的最高平均功率为 90 W,皮秒紫外的最高平均功率为 45 W。TruMicro 5000

系列激光器采用环形腔薄片再生放大技术设计,其结构示意图和内部实物图分别如图 3-24 和 3-25 所示,其光光效率超过 50%。

表 3-29　TruMicro 5000 超快红外激光器的主要参数

参　　数	产　品　型　号					
	TruMicro 5050	TruMicro 5070	TruMicro 5080	TruMicro 5050 Femto	TruMicro 5070 Femto	TruMicro 5080 Femto
激光功率/W	50	100	150	40	80	120
输出波长/nm	1030	1030	1030	1030	1030	1030
脉冲宽度	<10 ps	<10 ps	<10 ps	(875±125) fs	(875±125) fs	(875±125) fs
最大能量/μJ	500	500	250	200	200	200
最小重频/kHz	100	200	600	200	400	600
最大重频/kHz	1000	1000	1000	1000	1000	1000
光束质量	$M^2<1.3$	$M^2<1.3$	$M^2<1.3$	$M^2<1.3$	$M^2<1.3$	$M^2<1.3$
宽度/mm	680	680	680	680	680	680
高度/mm	289	289	289	289	289	289
长度/mm	1060	1060	1060	1060	1060	1060

表 3-30　TruMicro 5200 超快绿光激光器主要参数

参　　数	产　品　型　号					
	TruMicro 5250	TruMicro 5270	TruMicro 5280	TruMicro 5250 Femto	TruMicro 5270 Femto	TruMicro 5280 Femto
激光功率/W	30	60	90	25	50	75
输出波长/nm	515	515	515	515	515	515
脉冲宽度	<10 ps	<10 ps	<10 ps	(800±100) fs	(800±125) fs	(800±125) fs
最大能量/μJ	150	150	150	125	125	125
最小重频/kHz	200	400	600	200	400	600
最大重频/kHz	1000	1000	1000	1000	1000	1000

续表

参　　数	产品型号					
	TruMicro 5250	TruMicro 5270	TruMicro 5280	TruMicro 5250 Femto	TruMicro 5270 Femto	TruMicro 5280 Femto
光束质量	$M^2<1.3$	$M^2<1.3$	$M^2<1.3$	$M^2<1.3$	$M^2<1.3$	$M^2<1.3$
宽度/mm	680	680	680	680	680	680
高度/mm	289	289	289	289	289	289
长度/mm	1060	1060	1060	1060	1060	1060

表 3-31　TruMicro 5300 超快紫外激光器的主要参数

参　　数	产品型号			
	TruMicro 5350	TruMicro 5370	TruMicro 5380	TruMicro 5380 Femto
激光功率/W	15	30	45	36
输出波长/nm	343	343	343	343
脉冲宽度/ps	<10	<10	<10	0.8
最大能量/μJ	75	75	75	36
最小重频/kHz	200	400	600	—
最大重频/kHz	1000	1000	1000	1000
光束质量	$M^2<1.3$	$M^2<1.3$	$M^2<1.3$	$M^2<1.3$
宽度/mm	680	680	680	680
高度/mm	289	289	289	289
长度/mm	1060	1060	1060	1060

（6）TRUMPF Scientific 公司 Dira 系列大能量激光器。

Dira 系列激光器（薄片再生放大器）提供皮秒持续时间的脉冲，脉冲能量高达 200 mJ，这是当今可从再生放大器中提取的最高脉冲能量，常规产品的主要参数如表 3-32 所示。产品组合涵盖了从 1 kHz 到数百千赫兹的

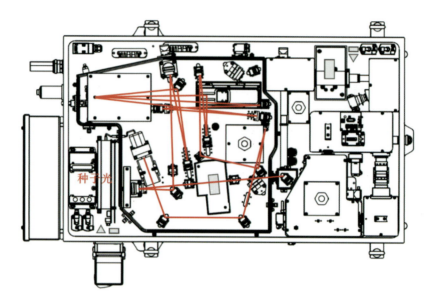

图 3-24　TruMicro 5000 的结构示意图

图 3-25　TruMicro 5000 的内部实物图

重复范围。Dira 系列的灵活设计允许根据用户要求定制系统,可根据要求提供脉冲能量高达焦耳级或平均功率为千瓦的特殊型号。Dira 200 激光器如图 3-26 所示。

表 3-32　通快科学公司 Dira 激光器的主要参数

参　　数	产　品　型　号				
	Dira 200-100	Dira 200-5	Dira 200-1	Dira 500-10	Dira 750-5
激光功率/W	200	200	200	500	750
输出波长/nm	1030	1030	1030	1030	1030
脉冲宽度/ps	<2	<2	<2	<2	<2
最大能量/mJ	2	40	200	50	150
重频/kHz	≥100	1～100	1～100	10～100	5～100
光束质量(M^2)	<1.2	<1.3	<1.4	<1.4	<1.4

图 3-26　Dira 200 激光器

4. CO_2 激光器

CO_2 激光器是激光制造中常用的工业激光器之一。CO_2 是其主要工作介质,在气体放电激励下,CO_2 分子处于不停的运动状态中(包括反对称振荡、对称振荡和变形振荡,这三种振荡是相互独立的)。激光跃迁主要在 (00^01)—(10^00) 之间和 (00^01)—(02^00) 之间,前者输出 10.6 μm 激光,是激光加工的主要波段,后者输出 9.6 μm 激光。

1964 年,Patel 在 CO_2 气体放电中获得连续 CO_2 激光的输出。CO_2 激光器发展较早,商业产品较为成熟,具有转化效率高、光束质量好、功率范围大,既能连续输出又能脉冲输出,且运行费用低,有较好的单色性和较好的频率稳定性等优点,因此在材料加工、医疗、军事武器、环境测量等各个领域获得了广泛的应用。在千瓦级高功率光纤激光器获得广泛应用以前,高功率 CO_2 激光器一直是激光切割、激光熔覆和激光相变硬化等钣金加工应用的主力光源。

与普通工业激光器相比很独特,CO_2 激光器工作在 10.6 μm 的长波红外线波段,许多有机材料如纸、木材、塑料、橡胶、纺织物和皮革等对 10.6 μm 波长的吸收能力都很强,某些对可见光(甚至近红外)可透过的材料如玻璃和蓝宝石也能吸收 10.6 μm 波段。CO_2 激光器在非金属加工应用中,比如非金属的激光打标、布匹皮革的激光切割、安全气囊的激光切割、光纤的切割和熔接、半导体硅晶圆的激光退火、PCB 板的激光加工、EUV 驱动光源等,具有无可替代的优势。

目前从事 CO_2 激光器研发与生产的单位,国外主要有美国的 Coherent 公司、Synrad 公司、ACCESS 公司,以及德国的 TRUMPF 公司等。国内主要有华中科技大学激光加工国家工程研究中心、沧州沃福激光、武汉科威晶激光、南京晨锐腾晶、东莞市斯派特激光、吉林省永利激光、北京热刺激光等。

美国 Coherent 公司的产品是 20~120 W、100~1000 W、1~8 kW 低功率、中功率和高功率全系列全金属射频激光器,以及射频板条 CO_2 激光器。

美国 ACCESS 公司的产品是平均功率 100 mW~50 W、峰值功率高达 1 kW 的近百种射频激励 CO_2 激光器,形成了中低功率 CO_2 激光器全系列产品线,其产品特色是短脉宽、窄线,其 Q 开关激光器脉宽小于 380 ns,峰值功率大于 1 kW。

美国 Synrad 公司研发生产 5~100 W 低功率和 100~400 W 中功率的射频 CO_2 激光器,市场份额非常大,国内进口非常多。

德国 TRUMPF 公司在 CO_2 激光器方面主要有两类产品,一类是 2~20 kW 的高功率轴快流 CO_2 激光器;另一类是用于 EUV 驱动光源的高功率短脉宽 CO_2 激光放大器,它放大 10000 倍,平均功率达到 40 kW,是实际上唯一实现产业应用的 EUV 光刻机的驱动光源。

华中科技大学激光加工国家工程研究中心是国内唯一研发并产业化了高功率横流、轴快流、射频板条三种高功率 CO_2 激光器的单位。其中高功率横流 CO_2 激光器实现了万瓦产业化;高功率轴快流 CO_2 激光器实现了 10 kW 研发水平,千瓦产业化水平;射频板条 CO_2 激光器实现了 3 kW 研发水平,核心器件实现了产业化。华中科技大学激光加工国家工程研究中心是国内为数不多并且是仍然坚持进行高功率 CO_2 激光器研究的单位。沧州沃福激光、武汉科威晶激光是华中科技大学轴快流 CO_2 激光器的产业化单位。

南京晨锐腾晶主要生产 10~100 W 等级射频 CO_2 激光器,东莞市斯派特主要生产 5~40 W 等级射频 CO_2 激光器,吉林省永利激光和北京热刺激光主要生产中低功率的玻璃管 CO_2 激光器。国内 150~1000 W 级射频 CO_2 激光器的产业领域还是空白,在 3500~8000 W 的扩散冷却板条 CO_2 激光器和用于 EUV 驱动的短脉宽 CO_2 种子源及放大器等方面,与国外的差距非常巨大。

1) 美国 Coherent 公司(相干公司)

美国 Coherent 公司成立于 1966 年,是世界领先的激光器及相关光电子产品生产商。Coherent 公司能够提供全面的激光器和激光参数测量产品,包括:氩/氪离子激光器、CO_2 激光器(10.6 μm、9.4 μm、调 Q、可调谐、单频、太赫兹源)、半导体激光器(375 nm、405 nm、635 nm、780~980 nm)、钛宝石连续可调谐激光器、准分子激光器、脉冲染料激光器、钛宝石超快激光器及放大器、半导体泵浦固体激光器(1064 nm、532 nm、355 nm、266 nm)、功率计、能量计、光束质量分析仪和波长计等。

Coherent 公司推出了 20~120 W 的 DIAMOND Cx 系列、100~500 W 的 DIAMOND J 系列、1000 W 的 DIAMOND J-1000 系列以及 1~8 kW 的 DC 系列 CO_2 激光器,其中 100~1000 W 的 DIAMOND J 系列和 1~8 kW 的 DC 系列 CO_2 激光器基本为独家垄断。

(1) DIAMOND Cx 系列。

DIAMOND Cx 系列封离型 CO_2 激光器输出功率范围为 20~120 W,可选波长有 9.3 μm、9.6 μm、10.2 μm 和 10.6 μm 等,能提供优异的光束质量和快速的调制响应。C 系列和 Cx 系列激光器不仅外形尺寸小巧,同时还具有功率稳定性高、光学模式佳、升降时间快等优势。该系列激光器主要应用于饮料酒瓶打标、内雕、切割和烧结,还可应用于包装印刷(例如软包装的激光刻划)以及医疗领域。

(2) DIAMOND J 系列。

DIAMOND J 系列是一款外形紧凑的封离型 CO_2 激光器,基于 Coherent 公司先进的、经过现场验证的、完全密封的板条放电技术,它具有无与伦比的性能和卓越的可靠性。例如,其独特的结构结合了高光斑质量(M^2<1.2)和接近方波形的脉冲,以实现高加工效率和速度,同时最大限度地减少了热影响区域。J 系列激光器中的集成射频电源消除了传统射频线缆,提高了可靠性并降低了拥有成本。J 系列产品的功率范围为 150~500 W,输出波长为 10.6 μm 和 9.4 μm。因此,该系列产品适用于各种成本和空间敏感型应用,比如转换、打标、雕刻、切割、打孔和钻孔。这些 CO_2 激光器的长波红外输出使其能够加工大量有机材料,包括纸、纸板、塑料膜、纺织品、皮革、木材、塑料制品和碳复合材料,以及玻璃甚至薄金属。

(3) DIAMOND J-1000 系列。

DIAMOND J-1000 系列产品的平均功率大于 1000 W,峰值功率大于

2800 W，输出波长为 10.6 μm 和 9.4 μm，是一款外形紧凑的封离型 CO_2 激光器，该产品的板条放电技术、射频电源集成技术、远程诊断技术优势明显。

（4）DC 系列。

DC 系列，美国 Coherent 公司收购德国 Rofin 公司后，研制出一批功率从 1 kW 到 8 kW 系列射频板条 CO_2 激光器商业产品。应用于高功率激光切割、焊接、刻槽等，其在千瓦级射频板条 CO_2 激光器市场处于垄断地位。DC 系列产品稳定性较好，光束质量因子 $K=0.95$，有连续和脉冲两种工作方式，其中 4.5 kW 及以下型号的脉冲重复频率在 2～5000 Hz 范围内可调，5 kW 及以上型号的脉冲重复频率在 2～100 Hz 范围内可调。图 3-27 所示为 DC 系列射频板条 CO_2 激光器实物图。

图 3-27　Coherent 公司 DC 系列射频板条 CO_2 激光器实物图

扩散冷却板条 CO_2 激光器内部无气体流动，且不用密闭气体放电管，与轴流 CO_2 激光器相比，扩散冷却板条 CO_2 激光器的结构非常紧凑。

扩散冷却板条 CO_2 激光器采用射频激励，其电极间的等离子体的形状为板条状，激光气体的热量经冷却的电极散发，由于电极之间的间隔极小，放电腔内的激光气体的热量能非常有效地通过电极散发，因此可获得相当高的等离子体功率密度。

光学谐振腔由两片前后镜子和两个平行的射频电极组成。采用柱面镜构成的非稳定谐振腔,由于光学非稳腔能容易地适应激励的激光增益介质的几何形状,扩散冷却板条CO_2激光器能产生高功率密度激光光束,且激光光束质量高。扩散冷却板条CO_2激光器的谐振腔镜采用热传导材料,激光光束的输出采用热稳定宝石,谐振腔镜和输出窗口由水冷却,从而保证在产生高功率密度激光光束时有较高的热稳定性。激光管完全密封起来,预期寿命超过20000操作小时。输出的激光光束是45°的线偏振光,经过光束整形元件,产生一个高质量的圆对称光束。

扩散冷却板条CO_2激光器除了结构紧凑、坚固之外,其更明显的优势是气体消耗量非常小。与激光气体流动的其他CO_2激光器相比,扩散冷却板条CO_2激光器所需的新的激光气体只需要在一定的时间间隔内添加,置于激光头内的10L的混合气体可用一年多,省去了外部气源输入系统。

扩散冷却板条CO_2激光器紧凑的结构和小的体积,带来了整个激光加工机械系统的简化,并允许加工系统设计成可移动的激光头。

扩散冷却板条CO_2激光器好的光束质量,保证了较大激光加工工作区焦点的漂移很小,这对大尺寸工件切割的应用非常重要。

ROFIN-SINAR系列扩散冷却板条CO_2激光器的激励方式为射频激励,光束质量因子为$K(M^2)=0.95(1.05)$,其他技术参数如表3-33所示。

表3-33 ROFIN-SINAR系列扩散冷却板条CO_2激光器的技术参数

产品型号	输出功率/W	功率范围/W	脉冲频率/Hz
ROFIN DC 010	1000	100~1000	8~5000 Hz;cw
ROFIN DC 015	1500	150~1500	8~5000 Hz;cw
ROFIN DC 020	2000	200~2000	8~5000 Hz;cw
ROFIN DC 025	2500	250~2500	8~5000 Hz;cw
ROFIN DC 030	3000	300~3000	8~5000 Hz;cw
ROFIN DC 035	3500	350~3500	8~5000 Hz;cw
ROFIN DC 040	4000	400~4000	8~5000 Hz;cw

续表

产品型号	输出功率/W	功率范围/W	脉冲频率/Hz
ROFIN DC 050	5000	1000～5000	2～100 Hz；cw
ROFIN DC 060	6000	1200～6000	2～100 Hz；cw
ROFIN DC 080	8000	1200～8000	2～100 Hz；cw

2）美国 ACCESS LASER 公司（大通）

美国 ACCESS LASER 公司 1999 年成立于美国西雅图，主要从事 CO_2 激光器的研发、生产及销售。20 多年来，公司从低功率 CO_2 激光器的研发开始，至今已开发并生产平均功率 100 mW～50 W、峰值功率高达 1 kW 的近百种射频激励 CO_2 激光器，形成了中低功率 CO_2 激光器全系列产品线。在同类产品中，ACCESS LASER 公司的产品以分体设计的结构特点、超稳定的高技术指标、超脉冲的良好工作模式及在一定波长范围的谱线可调的技术特色著称，其中多项技术至今无人突破。

CO_2 激光器的应用领域十分广阔。ACCESS LASER 公司通过和各领域的专家、学者的合作，已经将产品广泛地应用于众多高尖端领域，包括航空、探测、材料加工、微处理、表面处理、生物科技、军事以及医疗等。其产品经过 20 年的发展，已经覆盖全球 30 多个国家和地区。

ACCESS LASER 公司研发了 380ns 脉宽的短脉宽激光器，其技术参数如表 3-34 所示。

表 3-34 ACCESS CASER 380ns 脉宽的短脉宽激光器的技术参数

参　　数	产　品　型　号	
	AL50Q	AL50GQ
峰值功率/W	1000	250
脉冲能量/μJ	400	100
脉冲宽度/ns	<380	<380
重复频率/kHz	50	50

续表

参 数	产品型号	
	AL50Q	AL50GQ
模式质量	$M^2<1.3$	$M^2<1.3$
光腰直径/mm	2.4	2.4
光腰位置	输出镜	输出镜
功率稳定性	±5%	±5%
全角发散角/mrad	5.5	5.5
波长/μm	10.5～10.7	9.2～10.8
电压/VDC	28	28
电流/A	28	28

3) 美国 Synrad 公司(新锐)

始建于1984年的美国Synrad公司以发展可靠、易用和低成本的工业激光解决方案为其唯一使命,如今作为全球领先的封闭式CO_2激光器提供商,Synrad公司正向着自己的第四个十年迈进。

Synrad公司首创"全金属管"技术,开创了密封式CO_2激光器诸多工业应用的先河。其在性能、可靠性、使用寿命和成本方面,一直保持了在工业方面的领先。

Synrad公司生产的激光管,其坚固的箱体设计给激光谐振腔提供了超稳定的平台。全金属密封设计和专属的制造方法确保了最高的气体纯度,从本质上延长了工作寿命。在世界范围安装了70000台激光器后,Synrad公司是唯一能以其工作寿命超过45000小时(之后,仅需简单和廉价地充气后就可完全正常工作)的CO_2激光器而自豪的厂商。Synrad公司生产的激光器能够以0～100%的占空比工作,以信号的脉冲宽度调制(PWM)来控制激光功率,直接通过TTL信号控制(后面板BNC接入)。另外,也可以用DB-9连接提供远程控制来实现所有的功能,如激光控制、故障状况监测、远程自锁、故障停机等。

Synrad p 系列高性能脉冲 CO_2 激光器切割速度更快,钻孔完美无瑕,微加工精度高。利用脉冲技术多次提供比标准连续波激光功率电平大的峰值脉冲功率电平,p 系列将切割、钻孔和射孔应用扩展到了更广泛的材料,包括膜、高性能纺织品、某些金属和高科技复合材料。Synrad p 系列 CO_2 工业激光器提供了近乎完美的光束质量,部分原因在于光圈前的内部光束调节,可将光束聚焦到一个窄点以增加激光加工细节。p 系列所有型号产品均专为工业环境设计,设有内置气体吹扫端口,便于进行现场维修和保护光学窗口。p 系列设定了脉冲式 CO_2 激光器在转换、电子和包装等行业的性能标准。

Synrad 公司 5~100 W 系列和 100~400 W 系列的 CO_2 激光器市场份额非常大,国内进口非常多,其性能参数如表 3-35、表 3-36 所示。

表 3-35 Synrad p 系列 100 W、150 W CO_2 激光器性能参数

参　　数	产 品 型 号	
	p100	p150
输出功率/W	100	150
峰值脉冲功率/W	400	600
模式质量	$M^2<1.2$	$M^2<1.2$
上升/下降时间/μs	<40/<100	<50/<100
束腰直径/mm	7.5±1.1	8.0±1.1
光束发散(全角)/mrad	1.8±0.4 2.0±0.4	1.9±0.4
波长/μm	10.2/10.6	9.3/10.2/10.6

表 3-36 Synrad p 系列 250 W、400 W CO_2 激光器性能参数

参　　数	产 品 型 号	
	p250	p400
输出功率/W	250	400
峰值脉冲功率/kW	0.8	>1.0

续表

参　数	产品型号	
	p250	p400
模式质量	$M^2<1.2$	$M^2<1.2$
上升/下降时间/μs	<60/<100	<50/<100
束腰直径/mm	8.0±1.1	1) 6.0±1.0 2) 8.0±1.0
光束发散(全角)/mrad	1.9±0.4	1) 6 mm:2.5±0.6 2) 8 mm:1.8±0.4
波长/μm	10.6	10.6

4) 德国 TRUMPF 公司(通快)

德国通快集团具有 80 多年的机床生产历史,是全球制造技术领域的领导企业之一,其总部位于德国迪琴根。从加工金属薄板和材料的机床,到激光技术及电子领域,通快公司正以不断的创新引导着技术发展趋势。通快公司正在建立新的技术标准,同时致力于开辟更新更多的产品给广大用户。

德国通快公司在 CO_2 激光器方面主要有两类产品,一类是 2～20 kW 的高功率轴快流 CO_2 激光器,另一类是用于 EUV 驱动光源的高功率短脉宽 CO_2 激光放大器。

(1) 高功率轴快流 CO_2 激光器。

通快公司的 TruFlow 系列 CO_2 激光器(见图 3-28)一直作为通用型标准材料加工工具在工业中使用。流动式激光器能可靠且低成本地切割、焊接和处理二维或三维零件的表面。10.6 μm 波长和 2～20 kW 的大功率范围为材料种类与厚度的选择提供了很大的自由,这样 TruFlow 激光器不仅可以加工金属,还能加工有机材料、复合材料和玻璃。

TruFlow 激光器结构坚固且紧凑,如图 3-29 所示,它的高激光功率和良好的光束质量直接取决于谐振腔的长度。TruFlow 激光器的特殊结构

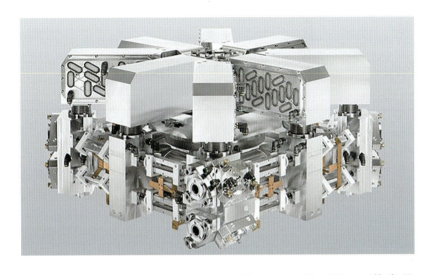

图 3-28　TruFlow 激光器

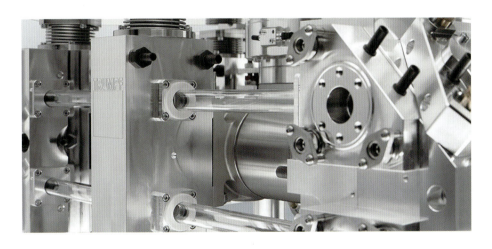

图 3-29　TruFlow 激光器结构坚固紧凑

可将数米长的放电管纳入正方形循环回路的两个层面上。而且，由于系统几乎封闭，使 TruFlow 激光器成为能承受热负荷与机械负荷的紧凑型光源，以适应日常工业环境。

TruFlow 激光器是高承载能力的多面手，即使在极为恶劣的条件下，它也能以高可用性非常经济地工作。其功率范围从 2000 W 延伸至 20000 W。因此，这款激光器能覆盖广泛的应用领域，如图 3-30 所示。

图 3-30　TruFlow 激光器应用广泛

TruFlow 激光器的基本校准可在整个使用寿命中得以保持，它的谐振腔在洁净室内组装，并在此进行基本校准。归功于获得专利的支座，光束偏转镜在整个寿命期间都能保持稳定，不形变。同时，系统可排除温度对调整的影响，谐振腔的所有机械与光学组件都直接或间接经水冷却。特意为 TruFlow 系列产品开发的冷却器使冷却水温度恒定保持在 ±0.5 ℃，从而确保最佳的参数稳定性，如图 3-31 所示。

图 3-31　TruFlow 激光器稳定性好

TruFlow 激光器可实现集成的封闭式光束成形,如图 3-32 所示。用于光束成形的光学元件可直接集成在激光器内以节省空间,例如移相器、圆偏振器、直径调节镜或扩束镜。通过这种方式可以个性化调整输出光束。封闭式结构不仅使光学组件保持洁净,还使激光功率及焦点几何形状保持绝对恒定。

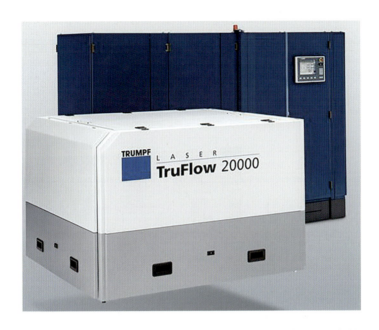

图 3-32　TruFlow 激光器封闭式结构

TruFlow 激光器具有无磨损的气体循环装置,凭借高达 60000 rpm 的转速,涡轮离心式鼓风机可产生独一无二的气流速度,借此为电激发能高效率地转化成激光功率创造前提。集成式鼓风机采用磁轴承工作,由此避免谐振腔内室与外界之间接触并使系统无磨损工作。另外,磁性技术能避免鼓风机在断电或紧急停机时损坏,防止润滑剂造成污染。这是相对于机械驱动装置的另一优点。

(2) EUV 驱动光源——高功率短脉宽 CO_2 激光放大器。

无论是移动终端设备、自动驾驶还是人工智能,伴随着数字世界的微型化和自动化,对计算机性能的要求逐渐提高,越来越多的晶体管需要嵌入芯片组内部的半导体中。集成电路的晶体管数量每隔 18 个月左右增加一倍,这条著名的"摩尔定律"在今天仍然有效。当前已能实现 1 mm² 装下 1 亿晶体管的集成密度,半导体结构的尺寸越来越接近原子级。制造芯片时,通快公司的高功率激光放大器发挥了关键作用,因为借助它可生成发光等离子体,从而提供极紫外光(EUV)曝光晶圆。通快公司与著名合作厂商紧密协作,研制出独一无二的 CO_2 激光系统。全球最大的光刻系统制造商 ASML 公司作为集成商,提供扫描仪和生成金属微滴的组件,EUV 镜头则来自镜头制造商蔡司。该设备可每秒加工 100 多个晶圆,足以实现批量生产,如图 3-33 所示。

图 3-33　ASML 公司的 EUV 光刻机

现代计算机芯片通常以纳米级构建,只能借助激光器经由复杂的曝光工艺进行生产。在这方面,采用准分子激光器 UV 激光束的传统方法越发受限。低于 10 nm 范围的更小结构尺寸无法通过当前使用的工艺制造。这种精细结构需要更短波长的曝光,也就是极紫外光范围的光束。

EUV 光刻的巨大挑战在于产生 13.5 nm 的最佳波长辐射。通过激光照射产生发光的等离子体,可以提供这种波长极短的辐射。但如何产生等离子体呢?如图 3-34 所示,发生器使锡液滴落入真空室③,接着来自通快的脉冲式高功率激光器①击中从旁飞过的锡液滴②,每秒 50000 次。锡

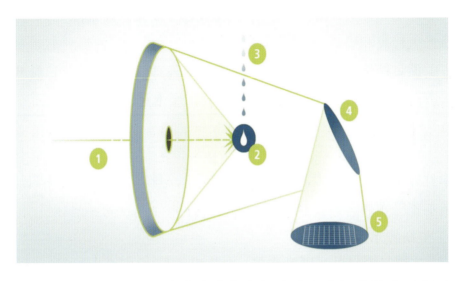

图 3-34　激光脉冲电离锡液滴产生极紫外光示意图

原子被电离,产生高强度的等离子体。收集镜捕获等离子体向所有方向发出的 EUV 辐射,将其集中起来并最终传递至光刻系统④以曝光晶片⑤。

通快公司研制的如图 3-35 所示的脉冲式 CO_2 激光系统(通快激光放大器)可提供用于等离子体辐射的激光脉冲。这款高功率激光系统基于连续波 CO_2 激光器的技术,功率范围超过 10 kW。在 5 个放大级别中,它可将平均功率为数瓦的 CO_2 激光脉冲放大 10000 多倍,输出超过数十千瓦

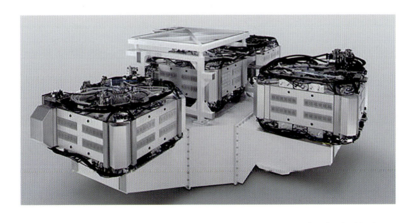

图 3-35　通快公司研制的 CO_2 脉冲式激光器

的平均脉冲功率。其中脉冲峰值功率达到数百万瓦。通过激光束生成、放大以及光束传导和锡滴,通快组件推动了光刻流程。极为迅速的批量投产周期以及满足特殊客户要求不仅带来技术难关,促进推出越发独特和全新的解决方案,还让研发人员、服务工程师和生产人员鼓起干劲。

5. 中红外激光器

中红外工业激光器主要应用在手术医疗、塑料切割焊接以及其他非金属材料加工等领域。

1) 中红外光纤激光器

(1) 连续光中红外光纤激光器。

相比 1 μm 及 1.5 μm 波段光纤激光器来说,2 μm 波段光纤激光器特别是高功率 2 μm 光纤激光器产品较少。高功率连续光中红外激光主要基于掺 Tm 光纤激光器实现,功率为几十瓦至几百瓦不等,波长为 2 μm 左右。产品以美国 IPG 公司掺 Tm 光纤激光器为代表,如图 3-36 所示,其性能参数如表 3-37 所示。

图 3-36　IPG 公司掺 Tm 高功率光纤激光器

国内高功率中红外光纤激光器产品不多,目前少数几家公司的产品在输出功率等参数上与国际同类型产品基本持平。国内代表性产品的性能参数如表 3-38 所示,产品如图 3-37 所示。

表 3-37　掺 Tm 光纤激光器性能参数

公司名称	激光器名称/型号	输出波长	操作模式	平均功率	光束质量	功率稳定性/RMS
美国 IPG 公司	掺 Tm^{3+} 线偏振连续光纤激光器-TLM/TLR（中功率）	1900～2050 nm，中心波长：1940 nm	连续/调制	100 W、120 W、150 W、500 W	单模光束质量 $M^2 < 1.1$；多模光束质量 $M^2 \leq 2、5、10$	稳定性：±1%，RMS：<1
法国 3SP Group (Manlight) 公司	2 μm 掺杂 Tm^{3+} 连续光纤激光器，单模输出	1908～2050 nm	连续	15 W	单模光束质量 $M^2 < 1.2$	—
法国 BKtel Photonics 公司	2 μm 掺杂 Tm^{3+} 连续光纤激光器，单模输出-HPFL2.0/MFL2.0	1925～1980 nm	连续	(1) HPFL2.0-4W (2) MFL2.0-20W	(1) HPFL2.0：光束质量 $M^2 \leq 1.1$ (2) MFL2.0 光束质量 $M^2 = 1.3$	稳定性：<2%

表 3-38　国内代表性高功率中红外光纤激光器性能参数

公司名称	激光器名称/型号	输出波长	操作模式	平均功率	光束质量	功率稳定性/RMS
上海飞博激光科技有限公司	TDFL 系列-2.0 μm 掺杂 Tm^{3+} 光纤激光器	1980 nm 1940 nm	连续/准连续	1980 nm：100 W、150W、200 W 1940 nm：15 W、20 W	—	稳定性：<5%
上海瀚宇光纤通信技术有限公司	2.0 μm 掺杂 Tm 光纤激光器 VFLS-1908-B	1908 nm	连续	100 W	$M^2 = 1.7$	稳定性：±2%

续表

公司名称	激光器名称/型号	输出波长	操作模式	平均功率	光束质量	功率稳定性/RMS
深圳富通激光股份公司	IFL系列全能2 μm掺Tm^{3+}光纤单模激光器	1930～2050 nm可选择	连续	10～250 W	$M^2=1.1$ (10～50 W) $M^2<1.2$ (200 W、250 W)	闭环控制高达10 kHz

图 3-37　深圳富通激光股份公司掺 Tm 光纤激光器

(2) 调 Q/纳秒中红外光纤激光器。

这种类型光纤激光器产品不多,主要以德国 Activefiber 公司为代表。Activefiber 公司产品性能参数如表 3-39 所示。

表 3-39　Activefiber 公司产品性能参数

参　数	产　品　型　号	
	调 Q 铥光纤激光器	准连续铥光纤激光器
中心波长/nm	1860～2000	约 1940
重复频率/kHz	20	cw…1
脉冲能量	最大 500 μJ	最大 50 J
峰值功率	最大 10 kW	最大 500 W
平均功率/W	最大 10	最大 100
脉冲宽度	<50 ns	0.25 ms…cw

续表

参　数	产　品　型　号	
	调 Q 铥光纤激光器	准连续铥光纤激光器
偏振态	线偏振	
光束质量	近衍射极限，$M^2 < 1.2$	
光束直径	可定制，通常～2.5 mm（$1/e^2$光强）	
光束指向性	<20 μrad RMS（<10% nat. divergence）	
激光器尺寸（长×宽×高）	50 cm×40 cm×25 cm	
登录	通过控制软件记录所有运行参数，远程监控和服务访问	
其他功能	交钥匙可靠性，全参数软件控制，温度稳定，防尘外壳	

国内该类产品也不多，其中南京诺派激光公司的产品性能参数如表 3-40 所示。

表 3-40　诺派激光公司产品性能参数

激光参数	参　数　值
工作波长/nm	1900～2000
脉冲宽度/ns	>10
重复频率/MHz	0.5～2
平均功率/W	10
功率稳定性(%RMS)	<0.5（24 h@25 ℃）
单脉冲能量/μJ	>10
光束质量因子	TEM_{00}，$M^2 < 1.2$
输出方式	自由空间输出

（3）超快中红外光纤激光器。

超快中红外光纤激光器功率普遍不高，大部分产品的功率为瓦级，以美国 Thorlabs 公司为代表。高功率 2 μm 超快光纤激光放大器以德国 Active Fiber 公司产品为代表，功率可以达到几十瓦量级，Thorlabs 公司和

ActiveFiber 公司代表性产品的性能参数如表 3-41、表 3-42 所示，产品如图 3-38、图 3-39 所示。

表 3-41　Thorlabs 公司产品性能参数

激光参数	参　数　值
工作波长/nm	1950±30
脉冲宽度/ns	<80(FWHM)
重复频率/MHz	50(典型值)
输出功率/mW	>500(平均)
单脉冲能量/nJ	>10
偏振消光比/dB	>15
外部同步控制接口	自由空间输出

表 3-42　Active Fiber 公司产品性能参数

	产品型号		
	Thulium-30	Thulium-60	Thulium-300
中心波长	约 1950 nm		
重复频率	50 kHz～25 MHz，也可按要求定制		
脉冲能量	最大 140 μJ	最大 600 μJ	最大 3 mJ
峰值功率/GW	最大 0.9	最大 4	最大 20
平均功率/W	最大 30	最大 60	最大 300
脉冲宽度	<150 fs … 5 ps 可调，也可按要求定制		
偏振态	线偏振		
光束质量	近衍射极限，M^2<1.3		
RIN slow (Average Power)	<0.5% RMS [1/(24 hours) … 1 Hz]		<0.6% RMS [1/(24 hours) … 1 Hz]
RIN fast (Pulse energy)	<0.5% RMS [1 Hz … frep/2]		<0.6% RMS [1 Hz … frep/2]

续表

	产品型号		
	Thulium-30	Thulium-60	Thulium-300
光束指向性	<20 μrad RMS (<10% nat. divergence)		
光束直径/mm	约 3		约 6
激光头尺寸 (长×宽×高)/cm	112×41×25	132×41×30	260×150×40
重量/kg	约 90	约 200	约 700
附加功能	中红外 OPA、高次谐波产生、少周期产生、CEP 稳定性、GHz 脉冲串、快速切换		
登录	通过控制软件、远程监控和服务访问记录所有运行参数		
附加功能	交钥匙可靠性,全参数软件控制,温度稳定,防尘外壳		

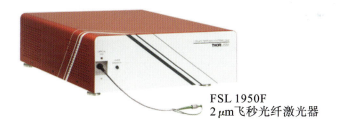

FSL 1950F
2 μm 飞秒光纤激光器

图 3-38 Thorlabs 公司 2μm 光纤激光器

图 3-39 Active fiber 公司 2 μm 光纤激光器

国内该类产品多为低功率输出,例如诺派激光的产品,其性能参数如表 3-43 所示。

表 3-43 诺派激光产品性能参数

激光参数	参数值
工作波长/nm	1970±10
脉冲宽度/fs	<300
重复频率/MHz	80
平均功率/W	>1
功率稳定性/(% RMS)	<0.5 (24h@25 ℃)
单脉冲能量/nJ	>12.5
偏振消光比/dB	>20
光束质量因子	TEM_{00},$M^2<1.2$
输出方式	空间输出

2) 固体中红外激光器

(1) 连续光固体中红外激光器。

以 IPG 公司产品为代表,该类激光器采用 Cr:ZnSe/ZnS 块状晶体作为增益介质,提供 1.9~3 μm 范围内单频连续中红外激光,其性能参数如表 3-44 所示。

表 3-44 产品性能参数

参数	产品型号			
	CL	CL-SR	CLT	CLT-SR
操作模式	连续			
中心波长/μm	客户可选范围 1.9~3.0		可调范围 1.9~3.0	
光谱线宽/nm	0.1~2.0, typ.<0.5			
输出功率/W	1~10	20~150	0.1~10	10~100
功率可调/%	10~100			
波长调谐选项	N/A		标准或快速(扫描)调谐模式	

续表

参　数	产　品　型　号			
	CL	CL-SR	CLT	CLT-SR
光束直径(FW,1/e^2)/mm	1.5±0.5			
光束发散/mrad	0.1～1,typ.0.5			
偏振	自由或线偏振		线性偏振,水平>100:1	
光束质量(M^2)	<1.2,typ≤1.1			

（2）纳秒/微秒中红外固体激光器。

美国 MegaWatt Lasers 公司的 R4X125C2-CTH 利用 Ho:YAG 作为增益介质，闪光灯作为泵浦，产品性能参数如表 3-45 所示。

表 3-45　R4X125C2-CTH 产品性能参数

性　能　参　数	参　数　值
波长/μm	2.09
输出功率/W	40@10 Hz & 500 μs
灯电压/V	700@40W & 500 μs 典型值
脉冲宽度/μs	300～800
冷却水温度/℃	20 典型值(去离子水)
冷却水流速/Liters/min	8
重复频率/Hz	5～30
尺寸/cm	26.5×4.8×9.5

MegaWatt Lasers 公司 R4X100C2-ER 利用 Er:YAG 作为增益介质，闪光灯作为泵浦，产品性能参数如表 3-46 所示。

表 3-46　R4X100C2-ER 产品性能参数

性　能　参　数	参　数　值
波长/μm	2.94
输出功率/W	30(10～30 Hz)

续表

性 能 参 数	参 数 值
灯电压/V	380～700(Typical range)
脉冲宽度/μs	100～500(350 μs Typical)
冷却水温度/℃	25(蒸馏水或去离子水)
冷却水流量/Liters/min	8～10(2 Gallons/min)
冷却水阻抗/(MΩ·cm)	0.2～1(冷却水电导率:1～5 μs/cm)
冷却水压降/kPa	200～240(回水压力<35 kPa)
重复频率/Hz	5～30(典型范围)

IPG 公司开发了光纤泵浦纳秒脉冲混合激光器,它采用 Ho:YAG 作为增益介质,可提供 2.09 μm 的波长,10～50 ns 的脉冲,脉冲能量高达 50 mJ,输出功率高达 80 W。声光或被动调 Q 型 Ho:YAG 光学头由 IPG 公司生产的高效且可靠的掺铥光纤激光器泵浦。HLPN 2.09 μm 脉冲激光器适合非金属材料加工、科研和医疗应用。产品性能参数如表 3-47 所示。

表 3-47 产品性能参数

参　　数	产 品 型 号				
	HLPN-5-10-9	HLPN-15-15-15	HLPN-40-15-30	HLPN-50-20-50	HLPN-1.6-30-80
操作模式	被动调 Q	声光调 Q			
波长/nm	2090				
线宽/nm	<0.01	<1			
最大平均功率/W	9	15	30	50	80
峰值功率/MW	0.5	1	2.5	2.5	0.08
最大脉冲能量/mJ	5	15	40	50	1.25
脉宽/ns	15			20	15～55
重复频率/kHz	0.2～2	0.3～1	0.1～10	0.1～1	20～100
偏振	线偏振,>100:1				
输出光束质量	$M^2 \leqslant 1.2$				

续表

参　　数	产 品 型 号				
	HLPN-5-10-9	HLPN-15-15-15	HLPN-40-15-30	HLPN-50-20-50	HLPN-1.6-30-80
光腰直径 (FW,$1/e^2$)/mm	1.5				
发散角/mrad	<1				
预热时间/min	15				

IPG 公司生产的光纤泵浦纳秒脉冲混合激光器 HLPN-2050/2060 系列固体激光器和光纤泵浦 Ho:YLF 激光器，可根据用户要求提供 2～8 次谐波的非线性转换。产品性能参数如表 3-48 所示。

表 3-48　产品性能参数

参　　数	产 品 型 号		
	HLPN-20-10-15	HLPN-40-10-40	HLPN-80-10-80
波长/nm	2050/2060		
线宽/nm	<1		
偏振	线偏振,>500:1		
最大平均功率/W	15	40	80
最大脉冲能量/mJ	20 (0～500 Hz) 10 (1.5 kHz) 1 (15 kHz)	40 (0～500 Hz) 20 (2 kHz) 2 (20 kHz)	80 (0～500 Hz) 40 (2 kHz) 4 (20 kHz)
脉宽/ns	10～500		
最大峰值功率/MW	2	4	8
重复频率/kHz	0～40		
输出光束质量	$M^2<1.1$	$M^2<1.2$	$M^2<1.3$
光束直径 (FW.$1/e^2$)/mm	~1.1	~1.3	~1.5

IPG 公司提供的 Fe:ZnSe/ZnS 中红外纳秒脉冲激光器,可供客户在 3.6～5.0 μm 范围内选择固定频率或可调谐型号。产品可提供高达 1 mJ 的脉冲能量,脉宽 2～20 ns,脉冲重复频率高达 1 kHz。与该波长范围内的其他中红外激光器不同,这些激光器不需要低温冷却。激光器由 IPG 公司提供的高效且可靠的掺铒或掺铥光纤激光器泵浦。产品性能参数如表 3-49 所示。

表 3-49 产品性能参数

参 数	产 品 型 号	
	FLPN	FLPNT
波长范围/μm	3.5～5.0 固定,客户选择	3.7～4.8,可调
操作模式	脉冲	
光谱线宽/nm	<20,<10	
脉冲能量/mJ	0.1～1	
脉宽/ns	2～20	
光腰直径(FW.$1/e^2$)/mm	2	
发散角/mrad	3	
重复频率(kHz)	0.1～1	
光束质量	$M^2<1.2$	
偏振	自由或线偏振,>100:1	
预热时间/min	待机预热 5,自冷启动 15	

德国 Pantec 公司提供医疗领域所使用的微秒脉冲激光器,产品参数如下。

- 操作模式:脉冲。
- 波长:2020 nm。
- 重频:500 Hz。
- 输出功率:DPM-25(Tm:YAG-20W),DPM-100(Tm:YAG-40W),DPM-100(Tm:YAG-80W)。

- 脉冲宽度：100～500 μs。
- 脉冲能量：DPM-25（Tm:YAG-200mJ），DPM-100（Tm:YAG-(0.5～4)/(0.4～3.2)J），DPM-100(Tm:YAG-(1～8)/(0.8～6.4) J)。
- 光束质量与RMS：DPM-25（Tm:YAG-M^2＜20），DPM-100(Tm:YAG-M^2＜30)，DPM-100(Tm:YAG-M^2＜40)。

长春新产业公司提供MPL-N-2600/AO-V-2600的性能参数如下。

- 操作模式：声光调Q。
- 波长：(2096±2)nm。
- 重频：10 kHz。
- 输出功率：1～15 W。
- 脉冲宽度：25 ns。
- 光束质量与RMS：RMS＜3％（MPL-N-2600），RMS＜5％（AO-V-2600）。

3）超快固体中红外激光器

以IPG公司为代表，采用Ho:YAG、Cr:ZnSe/ZnS等材料作为增益介质，实现2～3 μm波段的超快中红外激光输出。国内相关产品很少。

（1）Ho:YAG。

产品性能参数如表3-50所示。

表3-50　产品性能参数

参　　数	HLPP-2090-10-100-20
波长/nm	2090
重复频率/MHz	80～200
脉冲能量/nJ	10
脉宽/ps	100～500
最大平均功率/W	20
偏振	线偏振，＞100∶1
光束模式	TEM_{00}
预热时间/min	待机状态预热＜5,冷启动预热15

(2) Cr:ZnSe/ZnS。

产品性能参数如表 3-51 所示,产品外形如图 3-40 所示。

表 3-51 产品性能参数

参数	产品型号		
	CLPF-2400-15-50-1	CLPF-2400-80-30-6-PA	CLPF-2400-10000-30-0.01-EA
中心波长范围/nm	2100～2600,2400		
光谱带宽/nm	50～300	50～600	1000～1700
平均功率/W	>1	>6	0.01
重复频率/MHz	80～500	80～500	0.001
脉冲能量/nJ	10～20	60～100	10000
脉宽/fs	50	30	<30
长期功率稳定性%	1		
偏振	线偏振,>100∶1		
光束质量	$M^2 \leqslant 1.2$		
光腰直径 $(FW,1/e^2)$/mm	1.5±0.5		
发散角/mrad	<0.5		
预热时间/min	15～30		

6. 极紫外相干光源

高次谐波(HHG)和 X 射线激光是产生相干极紫外辐射的重要途径。尽管相比光刻用 LPP 极紫外光源存在亮度和输出功率的差距,但高次谐波等相干光源具有出色的定向性和相干性,非常适合集成电路纳米结构的在线检测。

高次谐波的产生原理是飞秒激光电离气体等靶材形成的等离子体,自

图 3-40　Cr:ZnSe/ZnS 增益介质激光器

由电子在飞秒激光光场中锁相加速运动,再与原子核复合释放出高定向性的阿秒脉冲序列。为了获得更高亮度的高次谐波极紫外光源,须研究非线性介质中极紫外辐射与激光相位匹配和参量放大的物理规律;研究高次谐波聚焦、波前控制等关键技术,以实现极紫外波段高质量光场聚焦和空间相位调制;研究高次谐波偏振状态控制及其在材料界面和薄膜反射、透射、椭偏测量中的应用;研究高次谐波产生过程的全光学相干调控,以测量和优化极紫外光源时空和光谱结构。在高次谐波和激光产生等离子体(LPP)研究基础上,开展高价态离子高次谐波和 X 射线激光放大研究,有望实现高亮度、高准直性相干极紫外光源。

基于高次谐波的桌面型极紫外飞秒激光光源具有良好的时空相干性。目前千赫兹重频低平均功率的钛宝石固体激光放大器是主流高次谐波泵浦源。例如,2014 年美国劳伦斯伯克利国家实验室利用 50 kHz 重频钛宝石激光泵浦源产生了微瓦功率极紫外高次谐波(40 nm 附近单阶)。飞秒激光增强腔无源放大技术可以将极紫外高次谐波重频提高到百兆赫兹量级,2018 年美国科罗拉多大学 J. Ye 课题组实现了 97 nm 波长单阶次高次谐波 2 mW 平均功率输出。然而,受限于等离子体积累和输出耦合效率,增强腔高次谐波转化效率较低。半导体激光器直接泵浦的掺 Yb 光纤飞秒激光的快速发展为高通量极紫外飞秒激光提供了更可靠的泵浦源。2016 年,德国耶拿大学利用平均功率 120 W 的 300 fs 光纤激光器驱动高次谐波,实现 57 nm 波长单阶谐波 1 mW 平均功率输出。2021 年,该课题组利用 200 W 光纤激光结合非线性压缩技术,在 1 MHz 重频下实现 46.8 nm 单次谐波 12.9 mW 平均功率输出。

为了实现高平均功率极紫外飞秒激光光源,还要解决高次谐波宏观传输效应问题,以提高转化效率。法国波尔多大学于 1999 年提出宏观传输效应的理论模型,明确了相位匹配和自吸收效应对高次谐波转化效率的影响机制。之后基于松散聚焦、激光自波导、空芯波导等激光宏观传输方式的相位匹配和准相位匹配方案被相继提出。美国科罗拉多大学 Kapteyn & Murnane 课题组长期利用空芯波导气体靶设计方案实现(准)相位匹配,是在低重频条件下提高"水窗"和千电子伏软 X 射线转化效率的有效手段。德国马克思·普朗克量子光学研究所于 2007 年验证了多个气体靶构建周期性调制气体密度的方案,实现了高次谐波准相位匹配。然而上述方案结构复杂,难以应用于高重频高次谐波光源。2018 年,以色列特拉维夫大学引入高斯-贝塞尔复合光场驱动高次谐波,该方法在自由空间中实现准相位匹配,将高次谐波转化效率提高 2 个数量级,且结构简单灵活,适用于高重频高次谐波光源。

高平均功率极紫外高次谐波相干光源在晶圆和掩模版缺陷检测和纳米结构测量领域应用价值巨大。荷兰 ASML 公司近年来申请数十项专利,提出了结合传统长波光源和极紫外高次谐波相干光源进行逻辑电路晶圆混合光学测量,以及基于极紫外高次谐波的晶圆缺陷检测方案。利用千赫兹量级低重频高次谐波光源,日本兵库大学研究团队基于高次谐波极紫外光源实现了掩模版 100 nm 周期性孔洞结构成像,美国科罗拉多大学利用高次谐波光源实现半导体纳米结构反射式相干叠层衍射成像实验,然而低重频技术难以满足产业界对检测效率的需求。利用高重频高次谐波极紫外飞秒激光光源,检测效率作为最重要的技术指标对检测策略提出新要求。传统叠层衍射技术普遍采用的步进扫描数据采集方式难以满足晶圆缺陷检测;此外针对晶圆缺陷检测微米-纳米跨尺度问题,现有数据处理方法针对微米级缺陷会造成数据冗余和浪费。需要发展基于高重频极高次谐波紫外光源的晶圆缺陷高效率检测数据采集和处理策略。国外相干极紫外光源研究进展和产业化情况如表3-52所示,目前国内在这方面的研究尚处于空白。

表 3-52 国外相干极紫外光源研究进展和产业化情况(国内尚处于空白)

序号	机构名称	相关研究内容	相关研究成果	成果产业化情况
1	日本理化学研究所	极紫外高次谐波和阿秒脉冲光源研究	与本项目团队合作利用双色复合光场实现极紫外阿秒脉冲100 nJ能量输出,是阿秒脉冲单脉冲能量世界纪录	长期在日立等公司支持下,与兵库大学合作实现基于高次谐波的极紫外掩模版缺陷检测
2	美国科罗拉多大学	极紫外高次谐波光源、基于空芯波导的相位匹配技术和相干衍射成像	实现最高千电子伏量级高能量光子输出,并达到相干衍射成像12 nm分辨率	创办KML公司并提供低重频极紫外高次谐波光源,实现纳米结构测量实验验证
3	德国耶拿大学	高功率光纤激光技术和极紫外高次谐波光源	实现最高千瓦平均功率飞秒光纤激光,并泵浦高次谐波过程,最高实现单阶次10 mW平均功率输出(46.7 nm波长)	创办Active Fiber公司并提供基于光纤激光泵浦的高重频极紫外高次谐波光源
4	法国波尔多大学	极紫外高次谐波光源	提出自吸收极限下的相位匹配理论,实现单阶次1.9 mW平均功率(69 nm波长)	—
5	以色列特拉维夫大学	高次谐波全光学准相位匹配过程	提出基于高斯-贝塞尔复合光场的全光准相位匹配方法	—

激光等离子体极紫外光源研究的最终目标是实现高功率输出，应用于新一代集成电路光刻工艺与设备。以这一目标为牵引，可以在光源研究中间阶段产生较低功率非相干或相干极紫外光源，应用于集成电路极紫外光刻和其他制造工艺的在线检测。

激光极紫外光源本身也是交叉学科研究的重要工具。利用高次谐波极紫外光源具有阿秒尺度（10～18 s）单脉冲宽度的特性，阿秒光学和阿秒物理研究原子尺度电子运动的动力学规律，可以为原子、分子、固体等不同体系中电子跃迁和电子结构演化拍摄"电影"，正在成为当前超快科学研究的热点。利用极紫外和软X射线短波长特性，可以利用2.3～4.4 nm波段"水窗"极紫外光源对生物细胞进行高分辨率成像研究，解决现有生物成像技术难以获取活体信息和功能信息的不足。

（三）工业激光装备国际对标

工业激光装备个性化特点鲜明，都是根据不同行业应用、不同生产线需求，用激光装备来改造和提升传统制造方法，为用户提供整体解决方案。目前，激光行业标准化、规模化量产的工业激光装备只有激光打标机和激光切割机。工业激光装备的先进性主要体现在核心部件（激光器、控制系统、机床等）的先进性和工艺的先进性中。下面以各行业采用激光设备批量制造的激光制品为例，进行国际对标。

1. 通用激光设备先进共性技术

1）激光打标机先进共性技术

工业4.0、5G技术、物联网、云计算、自动驾驶、电子医疗及人工智能均受益于电子行业所带来的先进技术。由于电子元件和显示器制造中要求的尺寸结构越来越小，为了满足每个组件之间的一致性，需要更快速、精确的激光扫描性能。另一方面，随着更高平均功率、更高脉冲能量的超短脉冲激光的进一步应用,如何避免脉冲间隔过短引起的热效应并充分利用高功率,对激光扫描技术也提出了更高要求。

有望提高激光可用功率水平的两种扫描方法是多边形扫描和工艺并行化。为了进行小视场的大工件制造,例如具有密集微结构的大型工件,需要将多光束技术(multibeam)和 XLSCAN 扫描方法结合。XLSCAN 可以大大拓展扫描的视场范围,同时将扫描精度提升到微米量级,消除拼接错误,增大动态范围。在实操中,通常利用软件实现 XLSCAN 方法,即将扫描路径分解为扫描仪路径、XY 位移台路径和激光光斑控制。扫描仪控制扫描头,接收短距离的高频运动信号;位移台则接受长程、低频信号,同时增大了扫描范围。两部分的运动同时执行以达到高精度、大视场范围的扫描,通过改变内置滤波器的带宽能够对扫描仪和位移台的运动进行设计、分配,确保不超出视场。相应的控制原理图如图 3-41 所示。

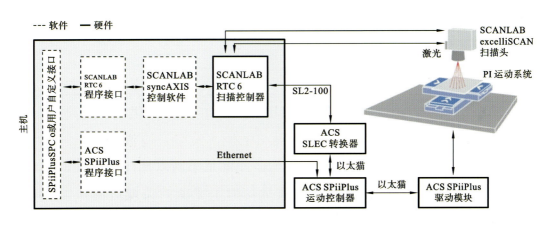

图 3-41　XLSCAN 控制原理图

XLSCAN 方法在钻孔速度 2600 Hz 的条件下依然能够保持 $\pm 1.5~\mu m$ 的误差(测试 10000 个点),这样的精度得益于其小视场工作条件。XLSCAN 采用基于管道的轨迹规划,通过控制轨迹跟踪中的运动参数,能够改变拐角处的锐度,避免小半径混合;同时通过控制单位长度的恒定能量沉积,使得光斑间隔均匀,避免拐角处加工过热,并保证精度和吞吐量。

XLSCAN 方法结合多光束技术能够更加有效地利用一个激光源进行并

行工艺加工。在多光束技术中，主激光束首先被衍射光学元件（DOE）分解为 4 条子光束，子光束能够在中心相隔 1 mm、半径 0.3 mm 的范围内被自由操控，包括光束位置和光束的有无，从而进行复杂形状的加工；通过改变子光束的相对位置甚至能够对边缘失真进行矫正。如图 3-42 所示。

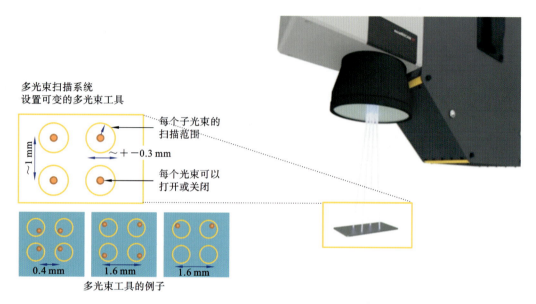

图 3-42　多光束扫描系统示意图

2）切割与焊接先进技术

对于激光加工来说，如何将有限的激光能量更高效地注入最佳的激光与物质相互作用区域，是提升加工质量与加工速度的关键。德国 Fraunhofer 研究所提出的动态光束整形技术可以很好地解决这个问题，从而实现质量更优、速度更快的激光切割和激光焊接。在传统的激光切割技术中，随着板材厚度的增加会出现各种问题。首先，如果板材厚度超过了激光的瑞利长度，激光能量将无法注入板材更深的区域，从而无法穿透板材；其次，随着板材厚度的增加，激光相对于板材切面的角度将越来越偏离使得材料对激光吸收最强的角度，从而降低材料对激光的吸收；最后，切口形状将随着板材厚度的增加越来越偏离最佳的漏斗形，从而阻碍熔化材料的溅射。然而，动态光束整形技术可以通过小焦斑在 Z 方向上的快速振荡

（即激光锯切）来大大增加激光的有效瑞利长度，通过小焦斑在 X、Y 方向上的快速振荡来使得激光与板材切面始终保持最优的角度，通过合理选择激光焦斑在各个方向上的振荡频率和幅度来实现最优的切口形状，从而完美解决所有前述问题，实现更好、更快的激光切割。图 3-43 给出了基于动态光束整形的激光切割与传统激光切割技术的对比，可以看到激光焦斑在 Z 方向和 X、Y 方向上的快速振荡能够大大提升激光切割的质量和速度。此外，通过动态光束整形技术也能够进一步改进现有激光焊接技术。如图 3-44(a)所示，通过传统激光焊接技术得到的焊缝通常充斥着很多气泡，这

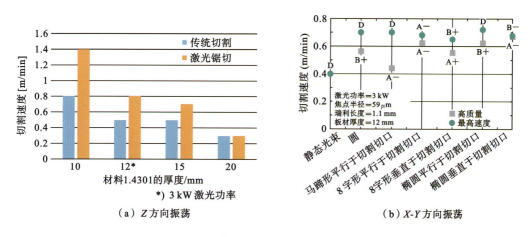

（a）Z方向振荡　　　　　　　　　（b）X-Y方向振荡

图 3-43　基于动态光束整形的激光切割与传统激光切割技术的对比

 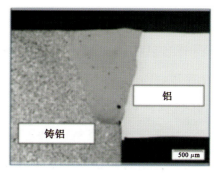

（a）传统切割　　　　　　　　　　（b）X-Y方向振荡

图 3-44　基于动态光束整形的激光焊接技术
与传统激光焊接技术的对比

些气泡主要是由溶于熔池的冷却气体造成的。通过激光焦斑的快速振荡能够扩大熔池的体积并延长熔池凝固的时间,从而使得溶于熔池的冷却气体有充足的时间逸出,进而减少焊缝中的气泡,提升焊接质量,如图 3-44 (b)所示。

3) CAD-CAM 软件改进激光加工工艺

DMC 公司是一家面向激光柔性加工设备控制软件解决方案的制造商。在开发新系统时,用户需要花费大量的时间开发负责处理机器和过程控制的所有方面的定制解决方案。例如,用户需要编写 G/M Code(控制器械运动和开关的指令)、设计、控制激光器和一些外围设备,这就让用户承担了复杂的控制任务。DMC 公司的 SPC 软件是一款设计和控制激光加工的软件,它集成了多个硬件配置,拥有控制各种设备的功能,节省了用户开发系统的时间,让用户专注于机器的实际应用。SPC 软件集成的功能如图 3-45 所示。

SPC 软件属于 CAD-CAM 软件范畴,但比 CAD-CAM 软件更加强大,是集成了多种硬件的独特产品。用户只需要专注于操作 SPC 软件,在 SPC 软件中导入 CAD 文件,设置相应的激光参数、软件配置,即可控制设备自动化地完成任务。SPC 软件操作过程示意图如图3-46所示。

SPC 软件可支持 Stitching 拼接打标、MOTF 飞行打标、A-MOTF 自适应飞行打标、XLSCAN 机械平台与振镜同步的打标方式。不同打标方式的耗时结果如图 3-47 所示,可以看到无论什么速度下拼接打标都耗时最长、效率最低;低速情况下,XLSCAN 打标耗时最少;高速情况下,A-MOTF 打标耗时最少。用户可根据自己的需求选择相应的打标方式。同时,SPC 软件拥有很好的扩展性。例如在系统中加入一台 SPC 软件暂不支持的激光器,开发人员只需要几天时间就可以开发出相应的软件模块并集成到 SPC 软件中。

总之,SPC 软件控制整套系统,实现自动化流程。它使用灵活,可对软件进行配置,适用于各类不同的机器配置,可控制多种多样的硬件以实现

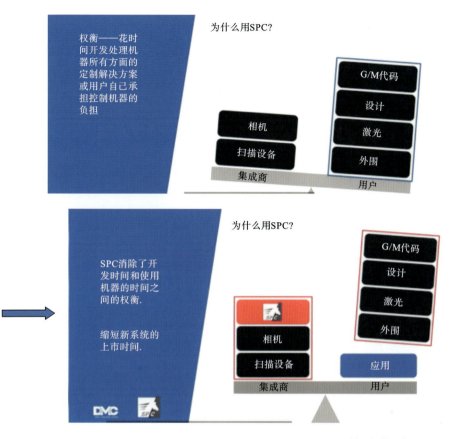

图 3-45　SPC 软件集成的功能

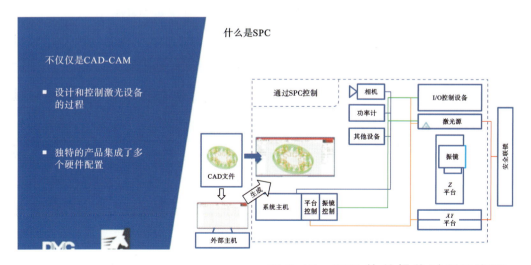

图 3-46　SPC 软件操作过程示意图

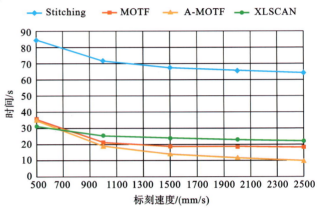

图 3-47　不同打标方式的耗时结果

不同的激光打标方式。另外，它的可扩展性强，软件模块化，对暂时不支持的硬件可快速开发出配套的软件模块。SPC 软件有三个可发展的方向：第一，5-8 轴系统的 3D 表面应用；第二，控制复杂的平台和扫描镜同步运动系统；第三，开发更高级的 API（应用接口），开放更多的集成。

2. 个性化国际激光先进设备

个性化激光精密微细加工国际先进设备有很多种，下面主要对标美国 ESI 公司和德国 LPKF 公司。此类设备主要应用于 3C 电子、5G 通信、半导体器件等行业硬脆材料（晶圆、陶瓷、玻璃、半导体材料等）的激光精密打孔、焊接、切割、微调等。激光精密微细加工设备市场需求日益增长，其技术含量高，是激光加工设备的主要利润增长点。

个性化激光宏观加工国际先进设备主要集中在激光焊接和激光熔覆方向。

激光焊接设备主要对标德国通快公司的高功率绿光焊接铜装备、蒂森克虏伯公司新开发的钢卷拼焊技术。激光拼焊成套设备供应商主要有德国蒂森公司、德国 Nothelfer 公司、德国 Miebach 公司、瑞士 Soudronic 公司、美国 VIL 公司、意大利 Prima 公司。激光熔覆设备主要对标德国弗劳恩霍夫激光技术研究所(Fraunhofer ILT)和亚琛工业大学（RWTH Aachen)，他们开发出一种超高速激光熔覆技术。

超高速激光熔覆层厚度可按照工艺需求在 0.1～0.25 mm 范围内调整，对工件表面基本无损伤，和常规激光熔覆工艺的不同之处在于粉末在离工件一定距离处融化，并高速喷射到工件表面形成极薄的冶金层，熔覆速度比常规激光熔覆速度快 100～250 倍。荷兰的海洋平台管件生产商 IHC 公司 Vremac Cylinder B. V 率先采用超高速激光熔覆来替代原有电镀工艺，经过专业的质量检测，耐腐蚀测试通过了 ISO 15614-7。而 IHC 公司的技术人员 Andres Veldman 先生表示，通过率先应用超高速激光熔覆将有效延长产品使用周期，节省大量维修费用，大大提升了产品的行业竞争力。

湖北激光技术与产品的发展目标

(一) 激光器件

1. 大口径红外声光调制器

针对 CO_2 激光器的需求，研制国内空白的大口径红外声光调制器，实现对 CO_2 激光器的调 Q 巨脉冲输出和对高功率 CO_2 激光的高速调制。技术指标：通光波长 9.4 μm 或 10.6 μm；最大光功率密度大于 15 W/mm²；有效通光孔径 ϕ11.6 mm；衍射效率不小于 90%。

2. 大口径电光调制器

由于开关速度在 10 ns 以下，所以电光调制器是目前固体激光器再生放大技术和腔倒空技术的核心单元器件。研制出 BBO 普克尔盒及其驱动电源,最大晶体口径为 8 mm²,通光孔径为 φ7.5 mm,半波电压(1064 nm)为 9.2 kV,开关时间小于 10 ns。

3. 基于声光效应的高速扫描器件

声光偏转器通过改变所加载超声场的频率对入射激光束进行高速偏转,从而实现空间的精确扫描,是高端的高速、固态、无惯性激光扫描器件。声光偏转器不仅设计难度大、制备工艺复杂,而且拥有大量的封装 know-how,涉及晶体光学与晶体声学、精密加工、光学镀膜、半导体封装,以及宽频带 RF 电路设计与调控技术等多个学科。须实现通光孔径 φ3 mm,扫描角 4.9 mrad,工作波长 355nm 的高速扫描器件。

研制宽带射频驱动电路,实现输出射频信号在 80 MHz 带宽范围内(中心频率170MHz)功率和频率的连续可调,同时有效地降低射频噪声对器件 RF 信号的影响,实现器件的驻波比(VSWR)小于 2∶1。

(二) 工业激光器

1. 高功率紫外薄片激光器

薄片激光器可以在不改变泵浦功率密度的条件下,通过增加激光增益介质的面积高效地实现高光束质量的激光束以及较小的非线性效应,从而成为获得大能量脉冲激光光束的主要技术手段,是目前高端工业级固体激光器的典型代表。根据湖北省现有薄片激光器的技术基础,须研制平均功率大于 100 W 的紫外固体激光器。

2. 高稳定性光纤皮秒/飞秒种子源技术

开发寿命长、稳定性高、光谱匹配的光纤超快锁模种子源激光器。其核心单元技术包括:对脉冲和复杂脉冲串可以精确选取和控制的高速声光调制技术;光纤中噪声产生、非线性调制、锁模条件等超快激光产生的机理,以及抗外界干扰的稳定特性。

通过优化锁模自启动和激光器功率自反馈机制,进一步提高锁模种子源的寿命,从现有 10000 h 寿命提升至 20000 h 免维护。同时精确匹配放大光谱,实现中心波长(1030.5±0.5) nm,光谱宽度小于 0.5 nm,脉冲宽度小于 10 ps。进一步提高种子源输出稳定度,输出功率不稳定度(12 h,RMS)小于 1%,脉冲峰-峰值不稳定度小于 3%。

3. 高功率中红外光纤激光器

研制光纤泵浦纳秒脉冲混合激光器,实现波长 2050/2060 nm、平均功率 80 W、脉宽 10~500 ns、重复频率 40 kHz 的激光输出。开拓激光医疗、非金属加工新应用。

4. 大脉冲能量超快激光器

研制单脉冲能量 10 mJ、脉冲宽度 10 ps、平均功率 200 W 的超快激光器,满足并行加工、厚玻璃切割、高速硬脆材料打孔的需求。

5. 高功率蓝光半导体激光器

研制光纤耦合输出 2 kW 半导体蓝光激光器。

6. 调 Q 射频板条 CO_2 激光器

研制平均功率 20 W、峰值功率 1 kW、重复频率 50 kHz 调 Q 射频板条 CO_2 激光器。

7. 极紫外光源

高次谐波极紫外光源具有高度空间和时间相干性,是相干衍射成像的理想光源。研究高次谐波相干叠层成像技术(ptychography)应用于极紫外光刻掩模版三维微纳结构的振幅和相位成像检测;结合相干极紫外光场计算光学与高次谐波波前全光学空间相位调制,研究极紫外结构光场的构建和极紫外光刻掩模版纳米精度激光加工。

类似于椭偏和散射测量等集成电路光学检测技术,极紫外辐射在薄膜和材料界面的反射和散射信号可以应用于基于模型的集成电路亚波长结构光学检测。基于高次谐波极紫外光源的偏振控制,研究纳米和亚纳米薄膜厚度的极紫外宽光谱椭偏测量技术;利用极紫外高次谐波全光学调控聚焦,研究小光斑掠入射极紫外光谱散射技术,并提高极紫外光刻掩模版和晶圆纳米光栅结构的特征尺寸(CD)、套刻误差(overlay)等信息检测精度;研究基于极紫外散射测量的半导体材料纳米尺度缺陷高灵敏度检测。

高次谐波等相干极紫外光源目前采用的激光驱动源主要来自掺钛蓝宝石固体飞秒激光器,重复频率最高达到千赫兹,平均功率接近10W,满足了大多数基础科学研究需求。然而面向集成电路光学检测工业应用,固体飞秒激光驱动的极紫外光源遇到了重复频率低、平均功率低的瓶颈,有必要寻找更高重复频率的替代激光驱动源。

近年来,工业级飞秒光纤激光技术取得了重大进展,单脉冲能量达到毫焦量级,脉冲宽度最小达到100 fs以下,平均功率最高达到千瓦,满足了超快激光精密制造不断增长的需求。国产飞秒光纤激光器也达到平均功率百瓦、单脉冲能量数百微焦的技术水平,有望替代传统掺钛蓝宝石固体飞秒激光器,作为新一代极紫外相干辐射源的激光驱动源。

实现高平均功率、大脉冲能量飞秒光纤激光器,需要研究大模场有源增益光纤的制备技术;研究飞秒光纤激光脉冲啁啾放大技术中的高阶色散控制和补偿;研究高平均功率、百飞秒脉宽光纤激光脉冲的高效率非线性压缩技术,结合色散补偿光学元件实现几十飞秒脉冲宽度输出;研究飞秒光纤激光器的相干合束和多脉冲延时高精度主动控制技术。

HHG极紫外光源主要利用飞秒激光作为驱动源,为了满足基于工业级极紫外相干光源的集成电路极紫外光学检测设备,必须采用高平均功率飞秒光纤激光替代现有掺钛蓝宝石固体飞秒激光器。高功率飞秒光纤激光采用啁啾脉冲放大的技术方案,解决有源增益光纤材料和结构优化的问题,实现单脉冲能量大于 1 mJ,平均功率大于 100 W;解决宽增益带宽(大于 10 nm)激光脉冲频域相位高阶色散的测量和补偿问题,实现脉宽带宽积近傅里叶变换极限和小于 100 fs 压缩后脉冲宽度;突破高平均功率、百飞秒脉宽激光脉冲非线性压缩关键技术,实现工业级大于 60% 高转化效率激光脉冲非线性压缩器。

在 HHG 相干极紫外方面,依托百瓦级飞秒光纤激光重点实现工业级毫瓦级宽谱极紫外光源输出。为了满足高重复频率输出的要求,突破连续或高重频、高背压超音速气流喷嘴关键技术并优化相关的真空腔室设计。比较研究气体喷嘴、毛细管、高压气盒、气体团簇等多种靶材设计,并研究极紫外辐射的相位匹配和自吸收物理过程机制,优化辐射效率到万分之一以上;明确高次谐波光谱总带宽和特定谱线强度的相干控制机理,实现输出极紫外波长可调谐和单支谱线的高对比度优化(对比度大于 5 倍);尝试在纳秒激光烧蚀固体等离子体中耦合飞秒激光,研究高价离子的隧穿电离、阈上电离、再碰撞等阿秒尺度超快物理过程,研究高激光峰值功率条件下的原子物理过程的弱相对论效应修正,并以相关基础科学问题研究为背景发展高价态离子高次谐波辐射源的优化。工业化 HHG 相干极紫外辐射源的目标参数为:单支谱线最高转化效率大于 10^{-4},平均功率大于 1 mW,宽谱输出模式下全部带宽内总输出平均功率大于 10 mW;光谱可以在单支谱线和宽谱两种模式下调节输出,输出带宽和可调范围达到 50～100 eV 范围(以光子能量计)。

在集成电路极紫外检测方面,重点实现基于百瓦级飞秒光纤激光器的毫瓦级 HHG 极紫外相干光源,支撑多种高精度极紫外检测技术的工业应用。利用 HHG 极紫外光源的相干性,对集成电路相关的材料表面纳米结构和纳米薄膜进行反射或透射式相干衍射成像(coherent diffraction imaging，CDI)和相干叠层成像研究,空间分辨率达到1～10 nm水平。在现有可见光到紫外波段椭圆偏振测量和散射测量基础上,利用偏振精确控制的HHG光源研究掠入射极紫外椭偏和散射测量,实现对纳米尺度周期性结构的高灵敏度测量。

在检测光源方面,伴随着半导体制程工艺特征尺寸逐渐减小,以及极紫外光刻技术的使用,现有基于可见光和紫外波外波段光源的检测晶圆、掩模版等纳米尺度结构检测和缺陷检测面临技术瓶颈。极紫外光源降低波长提高了测量精度和灵敏度,且对纵向三维结构有较好的响应,可以对现有散射和椭偏测量设备进行很好的补充。尤其高次谐波极紫外光源具有理想的光谱和时间相干性,可以基于无透镜成像技术实现对纳米结构的高分辨率振幅和相位成像检测。

(三) 激光加工装备

激光精密微细加工设备较多,主要应用如下。

1. 凹版压印辊激光并行高速精密刻蚀设备

随着高质量工业激光光源制造水平的不断成熟,激光加工工艺不断完善,数字化激光加工装备不仅成为传统制造行业(产业链最长的纺织行业、印刷行业、钢铁行业)转型升级的原动力,而且也必将成为新兴产业(微电子行业、显示器行业、芯片制造行业、航空航天等行业)的核心加工工具之一。同时,数字化的理念、数据流的思想也逐渐融入激光加工装备的系统中。在工业化进程的不断推进中,加工数据将呈现指数级的增长。因此,大能量、高速的激光光源,激光束并行传输的高速控制单元,加工激光束的高速运动机构将成为支撑海量激光加工数据传输的重要物理设施,也构成高速激光并行加工的核心技术。

目前,在凹版印刷行业中,压印辊的制备工艺逐渐被激光精密刻蚀技术所取代。激光刻蚀出来的高质量压印辊分辨率已经提升到 20000dpi。然而这种高端压印辊以及制备此类压印辊的设备几乎被国外（美国、德国）完全垄断。主要原因一方面是制备该压印辊的控制技术复杂，另一方面也就是最主要的问题在于激光精密加工效率较低。因此并行加工技术已经成为此类激光装备的核心技术。

通过采用大能量高重复频率的皮秒激光光源结合激光光束的多通道分束技术，高速扫描技术以及多运动机构的协同控制技术，将为此类设备的国产化和高端压印辊的制备提供有力的技术支撑，从而打破在印刷行业、纺织行业等此类高端设备完全依赖进口的局面。

通过对上述核心技术的研发，此类高端激光压印辊设备的性能指标将获得大幅度的提升，具体指标如下。

（1）激光光源：10 ps，100 W，2 MHz 的皮秒光源；500 ns，2000 W 峰值功率，2 MHz 的纳秒光源。

（2）聚焦点尺寸：10～30 μm。

（3）点间距：5 μm。

（4）灰度分级：25 级。

（5）单向扫描速度：大于 10 m/s。

2. PCB/陶瓷电路板高速激光精密加工装备

随着微电子技术的飞速发展，以及大规模与超大规模集成电路的广泛应用，印制电路板（PCB）的制造逐步向集成化、微型化发展。因此 PCB 的精密制造成为支撑微电子行业的基石。

PCB 的制造是指在覆铜箔板上，有选择地进行微孔加工、蚀刻布线、安装器件等加工。激光作为一种非接触型的绿色加工工具，在 PCB 的切割、打微孔领域起到越来越重要的作用，并成为 PCB 加工的主流手段。

随着激光加工精度的不断提高，高的加工速度、高的加工精度、海量的加工数据，以及更低的加工成本，将成为 PCB 加工设备的主要发展方向。

因此,更高重复频率的光源、并行加工的方式、快速扫描的运动机构,以及加工区域热效应的有效控制成为提升该领域激光加工装备的技术核心。具体加工装备的指标如下。

(1) 激光光源。

纳秒紫外:～50 W,flex 材料,微钻孔。

皮秒紫外:～20 W,绝缘基底,盲孔加工。

飞秒绿光:～10 W,wafer 的切割。

(2) 扫描用光学系统。

既要速度也要范围:振镜＋AOD 的模式。

振镜提供:快速的光束定位。

AOD 提供:超快光束运动和精密加工。

(3) 加工尺寸。

切割,裂片:小于 30 μm。

钻微孔:～10 μm。

微连接:小于 1 μm。

3. 5G 通信模块激光高速精密焊接装备

激光通信技术已经进入了 5G 时代,伴随着通信速率越来越高,应用端对通信光模块的制造精度和封装工艺水平要求也越来越高。激光精密加工技术及装备正成为 5G 通信模块封装和制造的核心加工装备,也是 5G 通信模块制程工艺中不可缺少的环节。例如,同轴器件激光精密焊接、PCB&FPC 的激光切割、激光紧密锡焊、激光二维码标刻,等等。

在众多激光精密加工工艺中,5G 通信模块同轴器件的激光精密焊接技术难度较大,也是保证 5G 模块通信光信号耦合效率及通信质量的核心单元技术。该器件焊接的精度(包括轴向、径向、角度位移)直接影响器件的耦合效率,5 μm 的焊接偏差将导致 50% 的耦合效率的下降,因此在该器件的焊接过程中,3 个(多个)焊点的一致性(位置的对称性、能量的平衡性、焊接过程中的同时性)是非常重要的技术指标。光束分束技术、能量精确控制技术、脉冲时序同步技术、焊接光斑形状对焊点形貌的影响等方面是支撑此类应用激光装备的核心技术。

通过对上述核心技术的研发,须在激光能量的动态分配、脉冲的实时调控、焊接工艺参数的精确控制方面实现突破,具体指标如下。

(1) 分束的能力:3束。

(2) 子光束的能量一致性:大于99%。

(3) 焊接点的深径比:大于80%。

(4) 焊接直径误差:小于0.05 mm。

(5) 焊接深度误差:小于0.02 mm。

4. 显示屏激光精密修复设备

显示材料技术是信息产业的重要组成部分。OLED具有比LCD更快的响应速度、更广的视角、更高的色彩饱和度和更宽的工作温度范围。OLED构造相对简单,在重量、厚度上与TFT-LCD相比更轻薄,还可以实现柔性显示和透明显示。随着市场化需求的持续推进和消费类电子产品的不断升级,AMOLED屏将逐渐成为主流显示器件并不断扩大市场份额。

然而,AMOLED制程工艺的改善是一个长期、持续的过程。短时间内由于制程工艺等原因,AMOLED屏在点亮时屏上可能会有一些异常亮点缺陷。AMOLED显示器件能显示出视场的明暗以及丰富的色彩变化,这是因为面板上每个R、G、B子像素能根据驱动电路独立地进行相应的明暗变化显示。生产过程中不可避免存在缺陷的子像素,例如亮点、暗点、闪点、碎亮点等,这些缺陷会导致部分区域显示不良。通过激光修复或淡化后,可提升面板良品率,降低面板企业的生产成本。而当亮度变化时,亮点与周围像素对比度高,人眼很容易就能察觉到屏上的亮点缺陷,从而影响显示效果和用户体验。由于这些异常亮点缺陷的存在,可能会使AMOLED屏的品质等级下降甚至报废,直接影响良品率和出货。

AMOLED 屏的亮点缺陷修复原理是将屏点亮以后,利用 AOI 监测找到亮点缺陷在屏上的位置,采用自动对焦系统确定亮点缺陷方位,将高重复频率、高峰值功率、高光束质量的固体激光束聚焦到该子像素对应的阴极区或 TFT(薄膜晶体管)电路进行切割作业,使其子像素两侧电势差为零,电路断路,将缺陷像素处于不导通状态,将亮点缺陷修复成暗点,最小切割精度可达到 $\pm 1~\mu m$。

激光精密加工技术及其装备已经成为 AMOLED 屏亮点缺陷修复的核心工艺,并支撑 AMOLED 屏的良品率提升。其中激光功率的稳定性控制系统,光强空间的匀化系统,高精度的缺陷定位系统,以及配套的激光精密修复参数成为支撑此工艺的核心技术。围绕 AMOLED 的修复要求,相关技术指标如下。

(1) 自动显微对焦系统设计,利用 AOI 功能自动寻找不良点并精确定位,定位精度控制在 $\pm 5~\mu m$ 以内。

(2) 高稳定性纳秒激光器,可调节光斑大小,最小切割线宽 $1~\mu m$,切割精度 $\pm 1~\mu m$。

(3) 采用高功率密度激光辐射能够在短时间内完成消光性能良好的金属沉积薄膜,沉积宽度不大于 $2~\mu m$,沉积厚度在 $500 \sim 7000~\text{Å}$ 之间可调,沉积电路阻值小于 $50~\Omega$,实现导通。

5. 5G 天线 LCP 材料激光精密加工装备

LCP 是一种热塑树脂聚合物,它具有良好的耐热性、低吸湿性、低吸湿膨胀系数(CHE)、低热膨胀系数(CTE)及良好的介电性能。然而,在激光加工时,LCP 材料极易出现碳化现象,材料的结构性破坏容易改变 LCP 的吸湿性、热膨胀性,同时对于热塑成型后的薄膜或者柔性板的结构强度以及高频特性均有影响。采用超快(281fs/350fs)激光加工能缓解加工中的碳化程度,远远超过材料(LCP)损伤阈值的极高的单脉冲能量(GW),可以使材料瞬间气化,由于激光作用于材料的时间极短,加工产生的热量和残渣通过飞溅的形式迅速离开工件表面,热量来不及传到材料周边,从而获得较小的热影响区以达到低碳化或无碳化的加工效果。但是,针对不同尺寸、幅面加工要求的材料,激光的加工参数如重复频率、功率、离焦量、扫描速度、填充方式等对实际加工效果均有影响。

围绕 LCP 材料的加工的要求,相关技术指标如下。

(1) LCP 材料切缝宽度:不大于 20 μm。

(2) 热影响区宽度:不大于 10 μm。

(3) 切割速度:不小于 1 m/s。

(4) 同步 10 焊点以上的焊点直径:不大于 100 μm。

(5) 焊接速度:不小于 120 点/s。

6. 激光宏制造设备

(1) 高性能、动态焦点激光切割设备。(具体指标由应用确定)

(2) 高性能激光焊接设备。(具体指标由应用确定)

(3) 高速、高性能激光熔覆设备。(具体指标由应用确定)

(4) 高性能激光清洗设备。(具体指标由应用确定)

第四部分
湖北激光行业发展建议

以习近平新时代中国特色社会主义思想为指导,深入贯彻党的十九大和十九届二中、三中、四中、五中全会精神,习近平总书记关于高质量发展系列重要讲话,以及视察湖北的重要讲话精神,坚持面向世界科技前沿、面向经济主战场、面向国家重大需求、面向人民生命健康,把握新发展阶段、贯彻新发展理念、融入新发展格局,完善东湖新技术开发区激光产业协同发展体系,促进创新链、产业链和价值链融合,实现激光关键核心技术和高端产品的重大突破,实现本土激光市场占有率和龙头企业竞争力的大幅提升,增强国内激光产业在数字化、信息化、智能化时代的国际竞争力和影响力,全力打造世界一流的激光产业发展集群,为东湖科学城和光谷科创大走廊全域高质量发展提供产业动力。

激光产业体系包含激光服务链、产品链、应用链。用产业体系或产业生态的思路建设湖北激光行业,是企业快速发展的需要。东湖新技术开发区激光产业集群企业以中小企业偏多,企业技术创新、产品创新以及企业发展过程中,需要多家科技服务机构提供各类服务。随着集群建设的不断深入,这些企业迎来了实现快速发展的难得机遇,对科技服务的需求更加强烈,并且企业数量的快速增长也对服务能力提出了更高要求。

目前,东湖新技术开发区激光企业,在激光器及其应用设备上,特别是激光医疗设备上,需要大量的检测、评测服务;在产品外观上,急需专业化的工业设计服务;大量的微型企业需要孵化服务,中小型激光企业需要产业促进服务和企业加速服务;同时,也需要引进国外专家和国际先进激光技术,开拓国际市场服务;以及需要针对东湖新技术开发区产业基础的信息共享、技术协同创新和电子交易服务。

用产业体系或产业生态的思路建设湖北激光行业,是产业集群跨越式发展的需要。东湖新技术开发区激光产业集群,创制一批具有自主知识产权的新技术、新产品、新标准,培育发展一批国际竞争力强的品牌企业,探索出创新型产业集群建设发展的新机制和新模式,形成发展模式领先、服务体系完善、集聚效应明显、支柱地位显著的发展态势,成为东湖新技术开发区培育发展新兴产业的战略突破口,成为国家实施北斗战略的关键载体,成为国家实施高新技术改造和提升传统产业战略的关键载体,成为促进和谐社会建设的有力支撑。

用产业体系或产业生态的思路建设湖北激光行业是建设国家自主创新示范区的要求。东湖国家自主创新示范区建设是国家战略,在全方位先行先试的基础上,要将特色优势之处面向全国推广,东湖新技术开发区将激光产业集群作为发展战略性新兴产业的突破口,集群建设的各项成功措施将会在全国范围内推广,这样就必须建设与集群匹配的具有示范价值的科技服务体系,真正实现示范作用。

用产业体系或产业生态的思路建设湖北激光行业也是对当今世界高新技术产业发展和激光产业现状的准确把握。当今全球正处于大发展、大变革、大调整的加速期,创新资源争夺日益加剧,经济、科技全球化的深度和广度不断拓展,科技对经济和社会发展的关键性支撑作用日益显著,科技资源在全球范围内重新调整和配置的步伐逐步加快。在激光技术及产业领域,国家明确提出要实施更加积极主动的开发战略,以开放促发展、促改革、促创新,促进资源整合模式与机制的创新。激光产业技术服务必须充分利用和借力国内外资源,瞄准全球未来的技术及产业发展热点,加快区域服务甚至全国服务。

用产业体系或产业生态的思路建设湖北激光行业是夯实激光产业链的基础,为7大战略新兴产业提供支撑。《国家中长期科学和技术发展规划纲要》中已将激光、新能源、信息产业与现代服务业等定位为未来十五年影响我国国民经济建设与发展的关键支撑技术之一。目前,光电产业的主要矛盾是人类生活与光电技术,以及光电技术与产品能耗、低/无污染产品与节能环保之间的巨大矛盾,建设激光创新服务平台可为产业链发展提供有力支撑。

我省支柱产业——汽车、芯、屏、端、网所需的重大激光加工设备的关键技术和产品被国外垄断,严重制约了我省相关行业制造水平的提升和先进技术的普及,其技术水平无法满足支撑国家支柱、主导产业的需求。建设现代化的激光产业体系,有利于更好地抢占战略性新兴产业高地,突破核心技术瓶颈,使激光产业做大做强,实现全省乃至全国相关产业的跨越发展。

用产业体系或产业生态的思路建设湖北激光行业是建设东湖国家自主创新示范区的重要组成部分。建设东湖国家自主创新示范区,是在新的历史时期推进自主创新、加快建设创新型国家的重大决策,对推进产业结构调整和发展方式转变,具有十分重要的意义。绿色制造是当今世界各产业发展的热点和趋势,各产业都围绕如何有效地控制能耗问题展开技术研究与开发,而这一发展契机成为优化经济产业结构的切入点,具有极大的发展潜力。激光产业是东湖新技术开发区新兴产业发展基础最好、发展潜力最大的领域。当前,东湖国家自主创新示范区的建设在激光产业领域需要大量的具有国际水平自主创新能力的优势企业、国际化高端领军人才、原创性领先成果。完善和提升激光服务链、建强激光产业链、推广激光应用链,将提升湖北省激光产业国际地位,在国家战略中也将产生重要影响。

用产业体系或产业生态的思路建设湖北激光行业是推动中部地区经济与国际经济融合与接轨的重要载体。当今世界正值全球新兴技术变革与产业深刻调整之际,湖北作为我国重要的中部省份,正处于加快经济转型和全面实施"两圈一带"战略的关键时期,科技创新是加快全省经济增长方式转变和经济社会又好又快发展的核心战略。建设激光产业体系,是促进湖北经济发展方式转变和开放发展的客观要求。充分利用全球科技资源和国际国内两个市场为我省提升自主创新能力和综合发展服务能力成为十分重要的任务。

湖北激光行业服务链建设

武汉东湖新技术开发区是我国激光产业科教人才资源密集区和产业

发展引领区,目前该区域激光产业不断壮大,已成为新的产业增长点和产业结构优化的重要支撑,上、中、下游激光产业链已经初步形成,建设了一批科技创新平台和公共服务平台。

随着激光新技术的不断涌现,市场需求不断增加,激光企业的数量也越来越多,分工也越来越细。如何让"散兵游勇"式的激光企业形成合力,发挥"兵团作战"的效能,实现跨越式发展,这是激光产业急需解决的重要问题。也就是说,按市场规律运转的科技服务体系不完善,可能阻碍激光产业集群跨越式发展进程,主要表现在以下方面。

(1) 东湖新技术开发区虽然每年产生大量激光产业优秀科技成果,但领先型科技成果创造和产业化能力还有待提升。

东湖新技术开发区拥有包括我国光学工程一级学科唯一的国家级实验室——武汉国家光电研究中心,3个国家级工程(技术)研究中心、3个国家级企业技术中心、3个省部级工程(技术)研究中心、3个省部级企业技术中心和10多个相关高校。但科技成果转化率低一直制约着激光产业跨越式发展,缺乏相应的服务体系建设导致大量科技成果无法成功转化。

(2) 提升测试服务能力已是当务之急。

随着激光产品的迅速普及应用,激光辐射的安全问题越来越重要,特别是激光医疗设备,直接涉及生命安全,开发新的激光设备参数测试方法,提升测试服务能力,已是当务之急。东湖新技术开发区有工业激光设备生产企业180余家、激光医疗设备生产企业20余家,国家科技部激光加工装备产业技术创新战略联盟和医疗器械产业技术创新战略联盟激光医疗子联盟都落户在东湖新技术开发区,具有国家检测资质的工业激光设备和医疗激光设备测试机构也在东湖新技术开发区,但测试设备老化、测试方法复杂、测试服务模式创新不够,延缓了激光创新产品到商品的转换周期,没有有效地形成市场规模。

(3) 国际化、品牌型科技服务机构仍然不足,与建设国内领先、世界一流的激光产业集群目标不相适应。

东湖新技术开发区建设激光产业集群的目标是国内领先、世界一流。这就要求园区要加快推进国际化发展,培育一批世界级的企业,形成一批国际领先的技术和产品,这迫切需要服务能力强、服务效率高、精通国际惯例与规则的科技服务机构支撑。提升科技服务机构的品牌效应对国际大型企业、高端人才的引进具有促进作用,具有国际影响力的行业协会有利于产业品牌的国际宣传。东湖新技术开发区达到国际领先水平的科技研发机构、具有全球影响力的技术服务机构和获得国际认证的科技中介服务机构数量较少,需要国家的大力支持,推进东湖新技术开发区科技服务机构的全球品牌化建设。

(4)科技服务体系与产业特色结合不够,无法支撑激光产业实现集聚式跨越发展。

东湖新技术开发区激光产业集群致力于打造"代表国家竞争力,具备国际竞争力"的激光产业集群,现已启动光谷科技创新大走廊,促使东湖新技术开发区成为我国激光产业的引领区和策源地。争取在激光特色领域形成具备国际竞争力的知名企业3~5家,形成一批具有全球竞争力的品牌产品。激光产业集群在经济发展、自主创新、集群建设和国际化发展等方面的目标,需要专业的科技服务提供强有力的支撑。

在此背景下,希望通过完善激光产业服务体系建设,支撑集群的快速发展,将东湖新技术开发区激光领域的科教人才优势,尽快转化为产业发展的实力,打造与集群水平相适应的一流的科技服务体系。

激光行业服务链建设主要是完善东湖新技术开发区激光领域企业服务功能,促进产业各要素协同发展,推动集群实现跨越式发展。同时,通过服务链建设提升东湖新技术开发区科技服务水平。服务链建设的主要目的有以下方面。

(1)培育专业的科技服务机构。

围绕东湖新技术开发区激光产业领域,重点培育提供技术创业孵化服务、检测检验服务、工业设计服务、技术转移和成果转化服务和企业国际化发展服务的科技服务机构,完善激光产业科技服务体系。

(2)完善企业服务功能。

东湖新技术开发区激光产业集群建设规划,明确要重点推进产业发展环境建设,健全创新创业服务体系,要进一步提升孵化器孵化能力、加快科技企业加速器建设、完善技术转移机制、重点引进和培养高端人才、进一步完善知识产权服务。建设主要内容涵盖激光产业公共数据共享、技术交易与成果转化、协同创新、企业加速服务、检测认证等,契合了激光产业特色和集群企业的现实需求,是对东湖新技术开发区现有服务体系的补充和完善,将会降低企业创新成本,提升企业创新效率。

(3)促进各方资源协同创新。

激光产业技术呈现多学科交叉发展趋势。加紧探索面向服务的激光行业信息共享新模式,不仅能够突破行业壁垒和用户恐惧新技术的心理制约,有效共享与整合信息资源,还将带来"他山之石,可以攻玉"的良好效果。激光服务链建设将会有力促进政府、高校、科研机构、企业、资本、市场等各种资源的整合,形成各方良性互动、协同发展的局面,加快创新步伐。

(4)推动产业实现跨越式发展。

激光产业进入跨越式增长阶段。我国激光工业和医疗市场规模超过 1000 亿元。在各种因素的综合推动下,预计未来中国激光产业将保持至少 15%～25% 的复合增长。从需求来看,航空、航天、冶金、汽车、交通、3C(computer,communication,consumer)电子、医疗、美容等行业应用,以及激光加工站、激光医疗站,仍然是当前激光产业的主要市场。随着 3D 打印技术与装备、激光电视、激光投影仪、激光文化产业的成熟和广泛应用,激光产业的需求将保持高速增长。

激光服务链将促进高成长企业加速发展,推动中小企业快速发展,同时将孵化带动一大批新企业,实现集群规模快速扩张、企业收入跨越式发展的建设目标。

(5) 探索科技服务体系构建方法,体现国家自主创新示范区价值。

东湖新技术开发区科技服务体系被科技部列为试点之一,目的是要求东湖新技术开发区积极探索,围绕创新型产业集群,提升在新的时期企业创新和跨越式发展能力,强化国家新技术开发区领先地位,全面推进国家自主创新示范区建设,是体现示范价值的重要内容。

激光服务链的建设将会完善一批激光产业服务平台,提升现有科技服务机构的服务水平,引进和培育一批高水平科技服务人才,完善创业发展环境,促进企业加速发展,形成龙头企业带动作用显著、中小企业和产业协作型组织密切配合、互动高效的产业生态,加快激光产业集群发展步伐。此外,激光服务链的建设除支撑东湖新技术开发区激光产业集群跨越式发展外,也是对东湖新技术开发区现有科技服务体系的充实,有助于提升东湖新技术开发区整体科技服务水平,将会成为推进东湖国家自主创新示范区建设的重要力量。

(一)激光服务链建设需求分析

1. 激光企业孵化器及产业促进需求迫切

随着中国国力的增强和创新能力的提升,越来越多的国内外年轻创业人才来到东湖新技术开发区。特别是在激光产业,越来越多的微型企业诞生,其产品集中在激光设备的核心器件上,因为激光设备核心器件技术含量高、投入资本少,东湖新技术开发区有大量的激光设备系统集成公司,这对激光产业链的进一步完善极其重要。

我们将在东湖新技术开发区新建 5800 亩激光产业基地,其中,将建有激光产业微型企业孵化器,从而帮助激光核心器件生产、研发的微型企业快速发展。

对中小型企业,如何将现有 1 亿元左右产值,快速提升至 5 亿或 10 亿元,其核心问题是企业的内部管理。迫切需要帮助中小型激光企业的管理人员提升管理能力,使他们从管理几十名员工的能力,提升到管理上千名员工的能力;帮助中小型激光企业制定产品的企业标准,使他们能提高生产效率,降低产品成本,从而促进激光产业的快速发展。

2. 激光设备工业设计服务需求迫切

东湖新技术开发区在激光产业领域拥有得天独厚的技术和文化底蕴优势,但是工业设计引入与发展极其落后。到目前为止,企业基本没有设置内部工业设计部。随着市场的不断发展,激光领域原有产品的技术优势已经不再明显,工业设计的作用已经被更多的激光企业认可,激光产业迫切需要一个拥有丰富经验、创新能力突出的工业设计服务平台,在产品外观设计、产品外观结构设计、产品功能结构设计、产品工艺设计、产品样机加工等方面提供有力支持与帮助。

3. 工业激光设备参数测试服务需求迫切

随着激光产品的成熟度提高,越来越多的国家激光行业标准将陆续推出,原有的激光产品国家标准也正在或已经修改。例如 JB/T 9490—1999《二氧化碳激光器主要参数测试方法》、GB/T 10320—2011《激光设备和设施的电气安全》,在对激光器设备的检测方面就有重大修改和新的要求、规定。而目前在与激光器相关的测试设备方面还比较落后,不适应现代激光器的测试要求。

工业激光设备参数测试服务可促进工业激光器质量和技术水平提高,从而使激光器的使用环境更符合要求,保障人身安全健康。应为展开激光器检测工作的单位提供技术手段,使国家有关标准和技术要求落到实处。为检测技术部门提供新的经济增长点。

4. 医用激光产业技术法规服务需求迫切

全球医疗器械监管法规体系越来越严格、完善,这增加了先进医疗器械技术产业化的成本和风险。企业要在这样一个管理愈加严格、竞争愈加激烈的环境中求得生存与发展,就必须尽力缩短医疗器械研究开发的时间,同时又必须控制成本和减少失败的风险。而解决这一矛盾的关键在于产业配套的服务,技术法规服务平台可作为企业的一种可借用的外部资源,在短时间内迅速组织起一个具有高度专业化并拥有丰富临床研究经验的研究队伍,同时降低整个企业的管理费用。正是凭借这些特有的优势,使其能够在各个方面为医疗器械提供技术支持和专业化服务。

结合目前市场发展需求,打造医用激光产品咨询、标准制定、产品检测、临床试验、注册等为一体的激光医用技术法规服务平台,就可缩短孵化周期、节约成本、规范医用激光器械发展,实质性推动光谷乃至我国医用激光产业发展。

5. 激光人才引进和技术转移需求迫切

以德国、美国、日本、俄罗斯为代表的少数国家主导着全球的激光技术和产业,发展速度惊人。在大型装备制造产业,如汽车、电子、机械、航空、钢铁、造船等行业中基本完成了用激光加工工艺对传统工艺的更新换代,进入"光加工"时代。上述国家在抢占我国激光工业市场的同时,却对很多高端产品、核心部件及技术实行技术封锁和高价垄断,这不仅对我国激光技术及产业与国际接轨带来了很大的难度,也进一步限制了我国激光技术的发展。该国际化服务平台建成后,将为东湖新技术开发区激光产业的集群创新提供关键性助力,力争确立东湖新技术开发区激光产业自身发展的国际地位,打破国外技术封锁和垄断。

"武汉·中国光谷"拥有中国国内规模最大的激光企业集群,有激光产业相关企业200多家,年销售收入200多亿元,一直占据中国激光产品的半壁江山,产业基础雄厚,但激光技术水平尚达不到满足支撑国家支柱产业的要求。目前东湖新技术开发区激光产业正加速朝更大规模发展,很多激光中小企业都具备了一定的经济实力。然而要想把企业做大做强,必须通过国际合作,提升产品的性能价格比,寻找新的利润增长点,实现全球化的市场战略。

要突破这个瓶颈只有两条途径:一是挖掘自身潜力;二是世界性"借脑"。所以加强东湖新技术开发区激光产业与其他发达国家在激光技术领域的国际合作,走引进消化吸收再创新的道路实现超越,是一个现实的选择。对提升东湖新技术开发区激光器及激光成套系统制造水平、开发激光高端产品、促进集群创新发展、提升品牌的国际影响力、提高激光产业国际竞争力、抢占世界激光技术制高点和争夺世界"激光时代"的话语权都会起到积极的作用。

6. 中国光谷激光产业信息网络服务需求迫切

在 21 世纪的新时代,电子商务正在逐步取代传统的商务活动,成为新的商贸活动手段。互联网的兴起和电子商务的发展打破了时空的界限,使传统的贸易方式和经济活动发生了根本改变,从而为中小型企业同大企业在同一个起跑线上竞争创造了有利条件。目前我国的电子商务平台发展迅速,但是在激光产业领域,因为激光的专业性与其他日常用品的电子商务平台一般性不同,具有其特殊性,湖北缺乏一个专业的激光商务共同信息平台。中国光谷激光产业信息网络服务平台针对激光产业的专业性与特殊性,提供了行业的电子商务平台,以及完善的知识培训中心及相关的激光资讯体系。该系统前台提供了完整的激光产业信息服务环境,如:用户可以在网上进行激光产品查找和购买、在线激光培训视频观看、阅读激光资讯信息等一系列活动;卖方企业可以在网上进行在线管理,包括产品的信息发布、交易等。利用该平台,一方面激光企业可以通过互联网在全球销售产品和服务,而不必花费昂贵的推销费用;另一方面激光企业可以进一步提高自己的竞争能力,在全球化经济大潮中求得更广阔的生存与发展空间,更好地适应现代激光产业发展的需要。

(二) 激光服务链现有基础

1. 产业基础较好

经过20多年的创新发展和产业集聚，东湖新技术开发区已发展成为国内四大激光产业基地之一，技术实力最为雄厚，产业群体与规模最大，产业基础扎实，已经具备国际竞争力。东湖新技术开发区在激光电源、激光元器件、半导体激光器、光纤激光器、激光加工、光通信、激光医疗、激光标记、激光测量、激光显示、激光存储、激光消费品、激光武器等多个细分领域的技术水平和市场占有率都在全国名列前茅，形成了一批处于国内领先水平的激光技术及规模企业。其中，光学器件、光电器件等核心器件研发具备国内领先水平；大功率半导体激光器、大功率工业CO_2激光器、光纤激光器、紫外激光器等产品达到国际先进水平；激光加工设备国内市场占有率一直保持在50%左右，部分产品已进入国际市场；激光医疗应用产品种类最为齐全，技术最为先进。

激光产业的不断壮大，成为新的产业增长点和产业结构优化的重要支撑，上、中、下游激光产业链已经初步形成，建设了一批科技创新平台和公共服务平台。目前，东湖新技术开发区激光产业已形成了包括上游激光及光学元器件、中游激光器与激光设备核心部件、下游系统集成及应用服务等在内的相对完整的产业链条，良好的产业基础也为完善的科技服务体系建设创造了条件。

2. 科技服务基础好

部分科技服务机构实力较强、基础较好，已经初步形成了较为完善的企业创业孵化和加速成长，以及多层次的科技金融服务体系。

东湖新技术开发区现有武汉东湖新技术创业中心、武汉留学生创业园、武汉华工科技企业孵化器、湖北国知专利创业孵化器、湖北武汉国家农业科技园创业中心、武汉东湖新技术开发区国家大学科技园、华中科技大学国家大学科技园、武汉大学国家大学科技园共8家国家级孵化器,并形成了以特色产业为主导的专业孵化模式。其中,武汉东湖新技术创业中心是我国第一家科技企业孵化器,为我国孵化器事业做出了开创性贡献。区内还聚集了5家国家级技术转移机构,分别是武汉光谷联合产权交易所、华中科技大学国家技术转移中心、武汉大学技术转移中心、湖北技术交易所和武汉科技成果转化服务中心;1家国家级示范生产力促进中心——武汉东湖新技术开发区生产力促进中心;1家创新驿站基层站点——光谷联合产权交易所。在科技中介咨询领域,区内聚集了科技咨询、知识产权、法律、财务、信用、人力资源等一批科技中介服务机构。

东湖新技术开发区现有创业投资及相关创业投资管理咨询公司200多家,注册资本总额约150亿元,管理创投资本200亿元,已有30多家企业开展了股权激励试点;与中信银行、交通银行、汉口银行等金融机构合作开展知识产权质押试点工作,多家银行已与东湖新技术开发区签订了授信20亿元、50亿元的知识产权质押融资贷款专项资金;信用贷款、投资联动、中小企业集合贷款等创新融资方式逐步开展。

3. 行业资源好

在国内外激光行业中率先搭建了激光产业科技服务体系的框架。在国内率先成立了湖北省暨武汉激光学会(成立于1981年)和武汉·中国光谷激光行业协会(成立于2003年)。从2008年起,湖北省暨武汉激光学会和武汉·中国光谷激光行业协会实行一体化运转,有效地整合了行业资源,有机地将产学研联系起来,为激光产业的快速发展奠定了基础。在学会及行业协会的领导下,目前,会员达150多家单位,涵盖高校、医院、研究所、工业激光生产企业、医疗激光生产企业、设计及包装企业、国际科技服务企业、工业激光检测机构、医疗激光检测机构、风险投资机构、银行等,围绕激光产业的产业链及科技服务体系的框架建设已经完成。2009年获批科技部医疗器械产业技术创新战略联盟激光医疗子联盟。2012年获批科技部激光加工装备产业技术创新战略联盟。全国激光辐射安全和激光设备标准化技术委员会大功率激光器应用分技术委员会于2010年11月在东湖新技术开发区成立，是激光领域首个成立的国家级标准化分技术委员会，领衔制定该领域的国家标准和行业标准。具有国际资质的工业激光检测机构和具有国家资质的激光医疗设备检测机构（全国仅有两家）都落户东湖新技术开发区。可以说，东湖新技术开发区的激光产业服务体系是国内最为健全的。

4. 支持政策多

作为国家自主创新示范区，国务院批复同意东湖新技术开发区在股权激励、科技金融改革、财税政策等方面开展试点。湖北省出台了一系列支持激光产业以及科技服务业的发展政策，其中代表性的政策文件如下。

- 《东湖国家自主创新示范区发展规划纲要（2011—2020）》（国函[2012]21号）
- 《湖北省战略性新兴产业发展"十二五"规划》（鄂政发[2012]40号）
- 《湖北省激光产业链技术创新规划》
- 《武汉市激光产业振兴工作方案》
- 《武汉市人民政府关于推进战略性新兴产业超倍增发展的若干意见》（武政[2012]31号）
- 《武汉东湖新技术开发区国民经济和社会发展第十二个五年规划纲要》（武政[2012]69号）
- 《武汉东湖新技术开发区加快发展光电子信息产业实施方案》（武新管[2012]208号）

武汉东湖新技术开发区管委会关于印发《武汉东湖新技术开发区关于加快激光产业发展的实施意见》的通知（武新管[2013]96号）

- 《武汉市人民政府关于促进东湖国家自主创新示范区科技成果转化体制机制创新若干意见》精神（武政[2012]73号）（简称"黄金十条"）

- 《关于进一步加强激光产业的国际合作建议》，省科技厅 89 号文
- 《关于鼓励俄罗斯激光企业和技术管理人才到中国光谷投资合作和创新创业的有关支持政策》，武汉东湖新技术开发区管委会

（三）代表性企业

湖北省具有一批基础较好、服务经验丰富的代表性企业，其中的典型代表如下。

- 武汉高科国有控股投资集团有限公司

武汉高科国有控股投资集团有限公司是东湖新技术开发区内唯一一家具有产业投资功能的国有投资平台公司，作为东湖国家自主创新示范区新技术开发技术产业投资的引领者、国资营运的排头兵和园区建设的主力军，通过投资、担保等多种形式扶持了一大批高科技企业茁壮成长，拥有一批自主知识产权的核心技术，产业结构不断优化。强化资产管理和资本运营，实现国有资产的保值、增值。积极从事产业地产开发，不断改善示范区投资环境。武汉高科下属的全资、控股、参股企业分布在电子与通信、计算机与软件、现代交通、新能源、机械制造、现代服务、生物工程、工业地产开发、证券担保等领域，企业发展势头良好，投资收益明显，形成了多层次产业结构、多项目投资开发、多元化开放经营、全方位社会服务的经营格局。

- 武汉数字化设计与制造创新中心有限公司

武汉数字化设计与制造创新中心有限公司（简称创新中心）是由华中科技大学牵头设立，联合国内智能制造相关领域内龙头、骨干企业共同投资的技术研发平台型企业。公司主要负责人由数字化设计与制造领域权威专家担任，具有丰富的技术成果转化工作经验和企业经营管理工作经验。为满足国家制造业创新中心建设有关要求，公司引入本领域骨干企业、产业链上下游单位及多元化社会资本，从而建设成为满足国家战略需求，发挥公司特色优势，实现数字化、智能化制造领域知识创新、技术创新、

行业创新的国家制造业创新中心。

创新中心积极利用股东在各区域已有的技术成果转化基础，正在筹划和推进面向航天航空领域的华西分中心、面向建模仿真领域的华北分中心、面向汽车领域的华东分中心等几个重要行业领域的分中心，形成覆盖全国重要工业和经济区域的数字化设计与制造创新网络，从而建设和完善"公司＋联盟＋网络"的运作框架。

创新中心是数字化设计与制造创新联盟牵头单位，该联盟吸引汇聚了来自全国数字化设计与制造领域高等院校、科研院所、龙头骨干企业，现有会员单位77家，覆盖了本领域内60%以上的国家重点实验室和国家工程中心（12个国家重点实验室、11个国家工程中心等国家级创新平台、6个工业技术研究院），形成了比较完善的制造领域从基础研究、技术开发到技术转化的国家级创新链。创新中心面向国家重大需求，按照《国家数字化设计与制造创新中心建设方案》要求，将建设国际先进的数字化设计与制造能力平台。能力平台由数字化设计能力平台、数字化成形制造能力平台和数字化加工制造能力平台三部分组成。创新中心已成功申报国家级项目10项，其中牵头项目5项。现有在研项目18项，开展技术工程化应用4项，成果产业化应用3项，已在两机复杂曲面数字化制造、大型复杂曲面机器人化加工、印刷显示高分辨率喷印、数字化设计工业软件、数字化建模与仿真工业软件等方面取得重要突破。

- 国家光电子信息产品质量监督检验中心

国家光电子信息产品监督检验中心是全国唯一由国家市场监督管理总局授权、具有第三方公正地位的光电子信息产品质量检测机构。目前中心检测能力涵盖光、电、声三大领域，可以覆盖90%的主要光电子信息产品。产品质检范围主要涉及光纤、光缆、光器件、工业激光等七大门类。

- 武汉致众科技有限公司

武汉致众科技有限公司与湖北医疗器械质量监督检验中心一起构建了专业的法规技术服务、医用激光产品咨询、标准制定、产品检测、临床试验、注册等为一体的医用激光孵化平台。该平台合作单位均具备专业的经营服务经验，目前已为6家企业的8个激光医疗器械产品提供了专业技术服务。

- 湖北中科对外科技合作有限公司

湖北中科对外科技合作有限公司是湖北省科技厅直属事业单位湖北省对外科技交流中心的控股子公司。自成立以来，该公司一直致力于通过引进、派出、交流、合作等多种形式沟通湖北省各有关单位与国外科技团体及工商界的联系，促进科技进步和经贸的发展。公司以政府引导和市场需求为导向，通过专家甄别、项目支撑、择优实施、互利多赢的合作模式，为企业、科技机构开展国际合作牵线搭桥，发挥对外科技交流服务平台作用。同时，集组织企业出国参加专业性科技展览、组织技术交流活动、促进国际技术转移、引进专家等服务于一体，通过建立官方、民间的交流合作关系，促进湖北对外开放。公司主要基础业务包括以下方面。

（1）组织参加科技展览会。在省科技厅的指导和支持下，公司积极组织科技型企业出国参加在美国、德国、西班牙、意大利、土耳其、俄罗斯、法国、新加坡等国家主办的科技展览会，展览内容涉及光电、信息、生物医药、机电、食品添加剂等多个行业，帮助企业开拓国际市场，加大新技术开发、产品出口。极大地促进了企业对本行业技术和产业发展情况的了解，为它们拓宽经营思路、调整产品方向、适应国外市场的需求提供了发展思路。

（2）促进本地企业开展国际合作。开展鄂俄德法合作项目，促进国际技术转移。充分发挥服务平台的作用，促成一批激光企业签订了合作协议，加快了国际技术转移的进程。经过多年的努力，公司在促进国际激光技术合作方面积累了丰富的经验。近几年来，为武汉东湖新技术开发区引进落地了3家中外合资激光公司，签订了6项激光技术转让协议。

（3）推动湖北省在激光领域的国际人才交流。通过组织国际激光技术及产业论坛等活动，邀请接待俄、德、法等国激光专家150余人次；组织并参与了近100次有实质性内容的激光技术谈判。

（4）服务东湖新技术开发区激光中小型企业和科研院所，及时掌握企业需求，能有针对性地开展服务工作，有效拓宽国内中小企业国际科技合作通路。为华中科技大学、武汉大学、武汉理工大学等高校提供重要的外部技术支撑。

（5）制定了一系列的管理措施和业务规范（包括公关礼仪规范、办公规范、劳动纪律、保密规定、服务收费办法、经营奖励办法等），为平台的发展提供了良好的制度保障。

- 园宝科技（武汉）有限公司

园宝科技（武汉）有限公司位于武汉市东湖新技术开发区华中科技大学科技园内，是一家致力于用大数据和人工智能技术推动科技成果转化、企业精准孵化的科技公司，主要服务于产业园、科技园、孵化器、高校、企业等创新主体。源于教育部战略研究课题"中国大学科技园众创空间在线服务平台"，华中科技大学科技园于2018年成立，进行公司化运营，注册资本1000万元。公司是国家新技术开发技术企业、武汉市大数据企业、武汉市科技"小巨人"企业。

公司核心团队有十几年园区运营和企业孵化经验，技术团队占总人数80%以上，主要人员有名校海归博士、世界500强企业经理、武汉光谷3551创业人才等。

公司为"科创中国"试点"科创湖北"落地单位，已集成湖北省20多万条专利技术信息，以及湖北省上百家科研院所教师资源可供线下对接，目前正在对接"科创中国"资源。2020年，在试点城市（园区）样板间建设综合排行榜中，武汉东湖新技术开发区资源汇聚量、访问量及综合排名指标均位列全国第一位。

目前，公司产品已覆盖上海、北京、江苏、湖南、广东等10余个省市，启迪江苏科技城、华中科技大学科技园、复旦大学科技园、同济大学科技园、上海理工大学科技园、上海电力大学科技园、南昌大学科技园、北京科技大学科技园、东湖高新集团、武汉新能源研究院等100余家单位均为公司客户。已拥有的科技成果转化平台、服务平台包括"科创中国·湖北中心"

"科创中国"平台科技成果转化平台、襄阳中天科技成果转化平台等。

（四）激光服务链建设目标、任务与考核指标

1. 建设目标

激光行业服务链的建设目标是围绕激光产业技术引进与转化服务体系建设，在 3 年之内，完善产业促进科技服务体系，包含公共数据共享、技术交易与成果转化、协同创新、企业加速服务、检测认证等在内的激光产业技术引进与转化服务体系建设，培育和提升一批科技服务机构，打造一批高水平的科技服务人才队伍，提升东湖新技术开发区整体科技服务水平，并通过科技服务体系的引导和支撑作用，促进各类创新要素向集群聚集，突破集群发展面临的有关瓶颈，促进技术转移和科技成果产业化，降低企业创新成本，提升创新效率，形成科技服务与产业创新紧密结合的东湖新技术开发区激光产业技术引进与转化服务科技体系，为实现千亿元激光产业集群提供有力支撑。

2. 主要任务

（1）建设一批公共服务平台，新增和引进一批专业服务机构，引进和培育一批高水平科技服务人才，建成国内最完善的激光产业促进服务体系。

（2）通过项目建设为东湖新技术开发区激光产业集群营造一流的创新创业环境，促进集群培育一批龙头领军企业，新增一批中小型企业和创业企业，推动集群实现跨越式发展，成为国内领先、国际一流的创新型激光产业集群。

（3）提升东湖新技术开发区整体科技服务水平，并将成功经验向全国其他区域和领域拓展，推进东湖国家自主创新示范区建设。

3. 预期成果及考核指标

激光行业服务链建设直接成果为建成 6 大服务平台，同时在提高东湖

新技术开发区激光产业技术引进与转化科技服务水平、带动经济增长、新增和引进服务机构、引进和培育人才、推动等方面取得显著效果。具体预期成果及考核指标如下。

（1）围绕激光产业建成6大服务平台，即激光企业孵化器及产业促进服务平台、激光设备工业设计服务平台、工业激光参数测试服务平台、医用激光产业技术法规服务平台、激光人才引进和技术转移的国际化服务平台、中国光谷激光产业信息网络与成果转化服务的平台。

（2）通过项目建设引进国外先进技术，引进和培育100名以上的高水平科技服务人才，大幅提升东湖新技术开发区科技服务水平。

（3）提升激光产品工业设计能力、工业激光产品及医疗激光产品的测试能力，年总服务次数超过6000人次。

（4）建成国内激光行业综合性门户网站，提供行业咨询、资讯、电子交易、成果转化等服务，提升中国激光行业的国际地位。

（5）每年为全国300家企业提供服务，带动激光产业及应用服务产业总收入500亿元，就业岗位增加到10000个。推动东湖新技术开发区激光产业集群实现跨越式发展，到2035年企业总数超过500家，年新创企业20家，上市企业累计达到10家，形成大、中、小企业合作紧密，产业协作组织服务高效的发展格局。

湖北激光行业产业链建设

（一）发展原则

（1）链式发展。链式发展是壮大完善激光产业的重要路径。推动激光产业链的构建整合和升级，以龙头企业为牵引强化合作，推进企业、项目之间在产业链延伸方向上建立相互配套、分工协作关系,形成相互关联、相互支撑、相互促进的发展格局。发挥龙头重点企业"链主"的带动作用,补链、强链、延链,推进产业工艺流程再造,实施关键共性技术产业化和重大示范项目,做优做强产业集群的发展驱动力和核心竞争力。

（2）集聚发展。集聚发展是壮大完善激光产业的基本模式。规划激光产业集聚区作为产业集群发展的主要载体,强化产业配套能力、公共基础设施和政策市场环境建设。引进国际知名激光企业,推动激光配套企业向园区集聚,提升本地配套能力,降低交易性成本,形成既竞争又合作的集聚发展态势,增强对其他地域的激光企业吸纳、集聚和辐射带动力,扩大规模经济和范围经济效益,打造一批企业和产品品牌,进一步提升激光产业的集中度和显示度。

（3）创新发展。创新发展是壮大完善激光产业的核心关键。强化市场主体地位,全面提升技术、人才和资金的供给水平。瞄准技术前沿,聚焦激光芯片、泵浦源材料、特种光纤等激光元器件核心技术和新兴应用需求,加强企业与学校之间的合作,深化产学研用合作,共建激光先进制造创新中心,开展关键共性技术的研究,进一步提升自主创新能力,实现卡脖子技术突破,支持激光产业向高端化发展,引领带动省市激光产业转型升级。

（4）开放合作。开放合作是壮大完善激光产业的客观要求。鼓励传统激光企业以更加开放包容的理念,全面进行管理变革和产品技术变革。支持激光企业通过并购投资重整,集中优质资产,迅速做大做优企业,实现规模化和效率快速提升,优化激光产业布局。积极鼓励企业参与国际合作竞争,搭建国际化创新合作平台,高效利用全球创新资源,推动激光技术和标准的国际化应用。

（二）重点任务

全力打造国际一流的激光产业集群,把激光市场做大,把激光产业做强,通过优化空间布局与资源合理配置,集聚发展和多点突破相结合,基础培育和长远规划相结合,自主创新和多方合作相结合,实施产业规模提升、创新能力提升、技术与产品攻关和集聚区建设攻关四大工程。

1. 实施产业规模提升工程

(1) 支持龙头企业进一步做大做强。支持锐科激光、华工激光和帝尔激光等上市龙头企业向外拓张,开枝散叶。鼓励上市企业通过资本市场募集资金,联合东湖新技术开发区产业并购基金,抓住海外市场需求疲软、估值偏低的机会,积极并购海外优质上下游资产,在海外设立研发中心,充分整合海外高端人才和先进技术,进一步提升企业竞争力。支持企业"激光＋X(消费电子、动力电池、显示面板、生物医疗等)"紧密结合,通过联合重组、合资合作及产业链横向和纵向整合,强长板,补短板。全力服务武汉总部,加快光谷绿色光电国际产业园中锐科激光二期、帝尔激光二期、华工激光二期等项目的建设和投产,鼓励企业利用其他省市的政策资金优势进行省外拓张,支持锐科激光加快实现100亿产值规模。

(2) 培育一批上市企业和上市梯队企业。鼓励逸飞激光、华俄激光、奇致激光、华日激光、安扬激光等领军企业聚焦核心,深扎根系。建立"初创企业—新技术开发企业—瞪羚企业—规上企业—上市后备企业—上市企业"的培育扶持体系,全面落实所得税减免、贷款贴息等各项支持政策,带动中小企业向"专精特新"方向发展,实现"微成长、小升高、高变强"。优化中小企业直接融资服务环境,遴选逸飞激光、奇致激光等一批主营业务突出、竞争能力较强、具有发展潜力和上市意愿的重点优质中小企业,分梯队做好上市企业后备资源库建设,加强证券公司、银行和各类基金与激光企业的对接,为企业上市提供便利和支持。

(3) 完善产业链上下游配套。以龙头企业为引领建立良好的产业生态环境,围绕锐科激光集聚一批产业链企业,全面推动激光企业上下游形成紧密合作。谋划锐晶激光、睿芯光纤等上游激光材料和元器件企业，锐科激光、安扬激光等中游激光器及配套设备企业，久之洋、惟景三维等下游激光应用产品、仪器设备企业相互合作，引导上下游企业建立供求关系，形成抱团发展。全力支持武汉本地光学元器件、数控系统、电源等配套企业发展，与激光企业建立合作。协助华工激光等进入东风、上汽等本地汽车整车和零部件供应商，支持激光企业和天马、华星等企业在面板加工上开展配套合作。支持龙头激光企业开展数字化和智能化改造，为激光技术和产品的创新成果创造示范应用场景。

2. 实施创新能力提升工程

（1）建设激光先进制造创新中心。充分利用和整合现有科技资源和研发力量，组建面向全行业的激光先进制造创新中心，打造政、产、学、研、用紧密结合的协同创新载体。面向光电子信息产业建设激光精密制造工艺研发平台，支撑光电子器件的技术提升、打通激光精密微细加工的产业链。联合国家数字化设计与制造创新中心、航天科工光量子技术与应用总体部等创新机构和华中科技大学、武汉大学等高校，重点围绕激光器芯片、器件、应用和工艺等开展基础和共性关键技术研究，深入开展激光在不同领域的产业化研究，为企业提供共性技术支持和服务。

（2）攻克一批共性关键技术。针对智能制造和新型技术发展对激光的需求，重点突破制约激光产业发展的共性关键技术。构建以需求为牵引的"科技揭榜"制度，由龙头企业和知名院所牵头，围绕产业链梳理关键技术和"卡脖子"项目，政府给予政策资金支持，联合开展科技创新揭榜制，对产业化、示范应用、能力建设给予政策支持。解决新一代激光芯片整体设计及外延制备关键核心技术；开展谐振腔腔面工程技术研究、攻克超快激光器种子源技术、薄片高功率放大技术、大厚构件等极端条件下的激光先进制造关键技术和超大型工件现场激光再制造修复技术等一批关键技术。

（3）推动一批科技成果实现产业化。引导各类研究机构以产业化为目标开展核心技术攻关，实现高校及科研院所的重大原始创新成果有效转化，推动产业链再造、产品和产业向价值链中高端发展跃升。加强激光信息资源共享，建立完善科技成果发布、推介、挂牌转让机制，建设双创示范基地和双创载体，依托武汉光电工研院、智能装备工研院等专业化、市场化的技术转移机构，共同推动华中科技大学等高校和科研院所的科技成果进行转化，通过财政资金对科技成果转化予以支持和奖励。

（4）制定一批激光产业标准。积极发挥湖北省首个激光领域国家标委会和华工激光作为秘书处承担单位的作用，调动企业参与制定、修订标准的积极性，支持企业牵头或联合相关院所参与激光产业标准体系的顶层设计，构建和完善激光产业标准体系，按照产业发展的迫切度，研究制定一批激光国家标准、行业标准和技术标准，支持激光评价标准的研究和验证，积极参与国际标准的制定、修订。

3. 实施核心器件与产品攻关工程

（1）大力发展激光器核心器件。全面提升激光器产业链上游泵浦源、激光芯片、光纤、准直器等光学元器件和光学材料的性能以及批量生产能力，突破技术壁垒，打破高端产品长期依赖进口的局面。重点支持锐晶激光，通过优化垂直腔面发射激光器 VCSEL 的芯片设计、外延生长工艺和封装技术，解决 VCSEL 激光芯片产业外延均匀性、稳定性、精准控制等关键技术难题，提升激光芯片输出功率。支持长飞光纤、睿芯光纤、安扬激光积极探索特种掺杂光纤、光子晶体光纤和光栅光纤技术，提升有源光纤的增益、可承受的功率密度、对泵浦光的吸收效果。

（2）大力发展激光新兴产业应用。巩固东湖新技术开发区激光企业在激光切割、激光焊接、激光清洗、激光打标等方面的优势。重点围绕东湖新技术开发区 5G、光显示、显示玻璃等光、芯、屏、端、网涉及的脆性材料、碳纤维材料加工开发柔性线路板激光切割装备、陶瓷电路基板激光刻蚀装备和光电子器件激光精密焊接装备等。加大对激光雷达、激光显示等新兴领域的研发投入，推进微机电系统、面阵闪光技术和光学相控阵技术路线的固态激光雷达产品研发，实现大功率、大扫描角度、高分辨力等性能参数。支持企业与传统显示大厂开展差异化竞争，以光学成像器件、光学引擎等形成突破，积极布局激光显示产业。

（3）大力发展激光配套企业。针对激光切割、激光焊接等宏加工领域，支持华工科技等数控系统，扶持机械减震平台、高可靠性电源的生产企业；针对激光打标领域，支持发展扫描头、光学镜头、软件板卡的生产企业；在激光增材制造领域，支持发展钛合金、铝合金、非晶合金、陶瓷等基础材料、基础应用软件企业；针对激光医疗领域，重点支持声光元件、光电元件、光学系统、光学软件等光学系统企业；针对激光显示领域，支持光学成像器件、光学引擎及驱动电路、信号处理电路、屏幕及显示设备企业。

4. 实施集聚区建设攻关工程

（1）推动激光产业军民融合深度发展。发挥东湖新技术开发区三江、武船等央企集聚和未来科技城军民融合省级示范基地的优势，利用东湖新技术开发区在激光武器、激光军事应用方面取得的成果，积极支持三江激光院取得各类涉军涉密资质，确保涉军涉密业务顺利开展，加快在强激光、信息激光、量子通信、激光雷达等多个技术研究和工程应用领域取得重要突破，支持武汉光谷量子公司量子光电芯片、量子激光器芯片的研发。全面推进军民融合深度发展，通过军品成果带动更多民品产业发展，在军民融合上打造新亮点、实现新突破。

（2）加强国际知名激光企业的引进和建设。通过引进和培育相结合的方式，迅速壮大激光产业集聚区的产业规模。梳理以国内大循环为主体、国际国内双循环相互促进的新发展格局下的招商重点方向和目标企业，围绕德国通快、美国IPG等国际知名激光企业抓项目，围绕国际激光产业高端人才抓项目,加快引进一批有带动性、引领力的大项目、好项目,引进一批具有核心技术的"专精特新"优质小微企业,实现激光产业链补链强链,形成项目集聚引领发展的良好势头。

（3）健全激光产业园功能配置。着眼于打造具有全球影响力的高端产业集聚区,大力推动生产要素的聚集和优化配置,积极探索"产业园区＋创新孵化器＋产业基金＋产业联盟"一体化推进模式。在光谷国际绿色激光产业园规划一批孵化器和加速器,根据大量小微激光企业的发展需求建设定制化、标准化的新型工业厂房,确保企业产能完全释放,依托周边龙头企业,提升产业链配套供应能力。

（4）全面提升激光产业园综合公共服务能力。围绕东湖新技术开发区激光产业领域,重点培育提供技术创业孵化服务、检测检验服务、工业设计服务、技术转移和成果转化服务,以及企业国际化发展服务的科技服务机构,全面提升园区产品认证、检验检测、成果推广、知识产权服务等综合公共服务能力,完善激光产业科技服务体系。搭建拥有丰富经验、创新能力突出的工业设计服务平台,在产品外观设计、产品外观结构设计、产品功能结构设计、产品工艺设计、产品样机加工等方面为激光企业提供有力支持与帮助。

5. 实现目标

在东湖新技术开发区形成全方位、多层次、有特色的激光产业自主可控产业链,成为全球工业激光器种类最齐全、规模最大的激光产业基地,并打造成为激光类两化融合并与"产学研金服用"融为一体的产业集群示范基地。发展以关键零部件、核心激光器和高端激光设备为重点的激光产业集群,建成全球激光产业发展高地和产业技术创新前沿。强化"一核引领"作用,带动周边区域与城市激光产业高质量发展,辐射光谷科技创新大走廊乃至武汉"1＋8"城市圈,形成以东湖新技术开发区激光企业为龙头的泛激光创新产业带,提升区域激光产业链高级化、现代化水平,探索形成具有东湖新技术开发区特色的"链式整合、园区支撑、集群带动、协同发展"的激光集群发展新路径。

到 2025 年,东湖新技术开发区激光产业计划实现如下目标。

创新能力明显提高,形成国际激光技术创新高地。攻克泵浦源、谐振腔和增益介质等一批激光器芯片材料和元器件关键核心技术;面向国家重大需求,突破激光在航天航空、海洋船舶等领域的复杂构件制造、增材制造等一批高端工艺;研制飞秒、皮秒等超快激光器,大功率半导体激光器,以及 10 万瓦级及以上的光纤激光器等一批军用和民用高端激光设备;建成激光先进制造创新中心,搭建激光关键共性技术研发平台等一批重大创新载体,发明专利数量年均增速达到 15% 以上,在若干重要领域形成先发优势,产品质量明显提升。

产业规模持续壮大,产值规模位居全球第一方阵。规模以上激光企业产值达到 500 亿元,带动激光产业链上下游企业总收入超过 3000 亿元,成为东湖新技术开发区万亿级光、芯、屏、端、网产业的有力支撑。其中,产值过 100 亿元企业达到 1 家以上,过 50 亿元企业达到 3 家以上,过 10 亿元企业达到 15 家,过 1 亿元企业达到 35 家,规模以上企业户数达 100 家。产业集群的综合竞争力稳居全国前列。

产业结构全面优化,形成全球品牌影响力。打造国内一流的激光产业发展集聚区,支持锐科激光、华工激光等一批企业发展成为原创能力强、具有国际影响力和品牌美誉度的行业排头兵企业。积极拓展激光在光、芯、屏、端、网的应用,在激光制造、激光雷达、激光显示、激光医疗等若干细分领域实现快速发展,持续涌现一批活力强劲、勇于开拓的中小企业。实现新增上市激光企业不少于 5 家。

到 2035 年,东湖新技术开发区激光产业规模以上激光企业产值达到 1000 亿元,带动激光产业链上下游企业总收入超过 1 万亿元,打造万亿级激光产业集群,成为东湖科新技术开发区产业发展的增长极和核心支撑力量。

用新一轮世界光谷发展布局带动激光应用链建设

根据东湖新技术开发区激光产业发展基础与发展格局，围绕省市建设以东湖科学城为核心的光谷科技创新大走廊的发展规划与战略定位，提出按照"一核引领、多点突破、辐射带动"三个圈层的空间布局。

（一）一核引领

在未来科技城核心区规划约10000亩的光谷国际绿色激光产业园（光谷国际绿色光电园），围绕激光原始创新、应用研究、技术转化和产业发展，形成以激光先进制造创新中心为核心的创新链，以锐科激光为链主，华工激光、帝尔激光、三江航天激光研究院等龙头企业为主体的激光产业链，打造世界领先的激光产业集群，如图4-1所示。

光谷国际绿色激光产业园分为平台建设区、企业集聚区、创新服务区和绿色生态区。平台建设区总面积约2000亩，主要布局激光先进制造创新中心、激光领域大型科研创新机构与高精尖企业，力争建设湖北省激光实验室，开展激光产业共性关键技术研发，提升创新能力。依托华中科技大学在激光前沿技术上形成突破。充分发挥激光加工国家工程研究中心、激光技术国家重点实验室、武汉光电国家研究中心等平台作用，培育一批激光专业技术人才，解决若干"卡脖子"技术，推动激光技术革新，联合企业开展科研技术攻关，形成一批可转化、可应用、可推广的技术成果。

在光谷生物城推动激光生物领域突破。发挥东湖新技术开发区生物产业优势，积极推动激光与生物医疗产业的融合发展，依托武汉生物技术研究院搭建激光生物实验平台，开展激光同生物大分子、细胞、组织、器官、

图 4-1 光谷国际绿色激光产业园空间示意图

个体和群体各个生命层次的相互作用的研究,全力支持奇致激光、洛芙激光等一批激光医疗美容企业的发展。

在光谷智造园推动激光微纳加工突破。以华星光电(t3、t4 项目)、天马微电子等重大项目建设为契机,推动激光企业在芯片级设备(芯片封装、倒装锡球焊)、屏级设备(硬脆材料切割、OLED 膜)等研发及量产方面取得突破,深度融入华星光电、长江存储等企业配套链,实现企业规模快速扩张。支持吉事达激光成为触摸屏激光刻蚀设备一流供应商。

在大学科技园推动激光创业创新。依托华中科技大学等高校科教资源优势,充分发挥华中科技大学科技园、武汉大学科技园等大学科技园和相关孵化器、众创空间载体作用,积极鼓励高校科技成果转化,在激光雷达、激光显示、激光投影等领域培育孵化一批中小微企业。

企业集聚区总面积约 3000 亩,主要布局激光产业链上中游龙头企业,并打造产业转化科技园,建设激光产业孵化器、加速器,围绕激光、光电等产业领域开展技术成果转化形成一批中小微创新企业。创新服务区约2000亩,将引入高端住宅、商业、学校等高品质公共服务设施,优化高端激光人才和企业创新创业环境,并全面引进先进激光产品,率先进行示范应用。绿色生态区依托古米山等自然山水资源,联合生态修复工程打造以激光展示体验为核心的主题公园。

(二) 重点突破

依托中国(湖北)自由贸易试验区武汉片区,建设国际激光创新园和世界光谷,如图 4-2、图 4-3 所示。

图 4-2　中国(湖北)自由贸易试验区武汉片区大门

中国(湖北)自由贸易试验区武汉片区面积 70 km²,位于武汉东湖国家自主创新示范区的核心区域,是中国(湖北)自由贸易区武汉片区面积最大的板块和最成熟的区域,涵盖了东湖综合保税区、光谷生物城、未来科技

图 4-3　中国(湖北)自由贸易试验区实景

城、光谷中心城、光电子信息产业园、光谷现代服务业园、光谷智能制造产业园等七个园区。其中,东湖综合保税区全部纳入自贸区范围,光谷生物城、未来科技城、光谷中心城、光电子信息产业园、光谷现代服务业园、光谷智能制造产业园是部分区域纳入。

在中国(湖北)自由贸易试验区武汉片区建设国际激光总部、出口激光设备生产基地、出口激光制品加工基地。

1. 建设全球激光企业总部基地

在光谷激光科技园建设共计 65000 m^2 亚洲最大的全球激光企业总部基地,如图 4-4 所示。具体内容如下。

(1) 在光谷激光科技园建设亚洲最大的全球激光企业总部基地,致力于将全球前 100 强激光企业中的 30 家在中国或华中地区的总部通过招商引资进入光谷激光科技园,其中包括德国、美国、法国、意大利、日本、韩国等国家的知名激光企业。吸引海内外高级激光专业人才。

(2) 在光谷激光科技园建设全球激光企业激光设备展示中心,致力于

图 4-4　全球激光企业总部基地

集中展示入驻光谷激光科技园的全球激光企业各类激光元器件、激光器、激光成套设备、激光制品，形成全球激光企业系列产品展示交易中心。

2. 鼓励激光企业在自贸试验区投资生产，加大出口力度

做全球市场，出口激光器及其装备是湖北激光行业的薄弱环节。建议在自贸试验区建设 500～1000 亩的国际激光产业基地，鼓励湖北激光企业和吸引国内、国际激光企业在该基地生产制造基于国外核心部件的激光装备，专门用于出口。

可批量生产出口的激光设备包括 CO_2 激光雕刻机、CO_2 激光切割机、光纤激光切割机、光纤激光焊接机，年出口销售额 100 亿元以上。

3. 建设激光制品出口加工基地

针对电子消费类、新能源、汽车零部件等产品的出口，鼓励和吸引国内外企业建设激光制品出口加工基地。

（三）辐射带动

发挥东湖新技术开发区在激光产业"一核引领"的带动作用,联动江夏区、葛店经开区、洪山区、蔡甸区等武汉市其他区域,辐射鄂州、黄冈、黄石、咸宁及孝感等周边城市圈。在武汉经济技术开发区、襄阳和十堰等地推动激光在汽车零部件与整车制造的应用;在新洲区推动激光在通用航空领域的零部件加工与维护修理修复等方面的应用;在鄂州建设激光装备制造产业集群;在黄石推动激光在线路板制造等方面的应用;在京山联合楚天激光建设工业激光应用系统产业链,并在京山城区标志性建筑、重要景点和公共休闲场所,建设文化创意激光项目。通过联合周边城市承接东湖新技术开发区创新资源与成果外溢,发挥产业链配套、生产制造和产业转移等功能,推动激光技术成果在相关产业实现应用,实现各区域激光产业协同、高质量发展,最终形成以未来科技城为核心,东湖新技术开发区为拓展,并按照光谷科技创新大走廊的发展规划与战略定位向外辐射带动周边市区激光产业发展的世界一流激光产业发展格局。

1. 黄石激光应用基地建设

湖北省光、芯、屏、端、网产业的配套产业——印刷电路板(PCB)已经在黄石市初步形成了集聚效应。黄石经济技术开发区·铁山区已聚集了20余家PCB板生产企业,比较大型的企业项目如下。

- 广合科技项目

投资总额:50亿元。

项目介绍:占地面积484亩,主要生产服务器用PCB板、汽车板、IC载板等产品。广合科技PCB智能制造项目总投资50亿元,固定资产投资40亿元。项目分三期建设,一期投资10亿元。全部建成达产后,可实现年营收入70亿元,年税收超过3.5亿元。

- 竞业电子项目

投资总额:38亿元。

项目介绍:占地面积258亩,主要生产多层线路板、锂电池正负极材料等产品。项目分三期建设,一期投资1亿元,租用工业厂房9000 m²,主要从事锂电池材料和生物膜的实验、生产。

- 永兴隆电路板项目

投资总额:10亿元。

项目介绍:黄石永兴隆电路板项目由香港永兴隆电子有限公司投资建设,该项目是落户黄石经济技术开发区的首个港资项目,项目总投资10亿元,分两期建设,占地面积122亩,主要生产单面、双面、多层等高精密线路板,70%将出口欧洲等地区。项目建成达产后,年产线路板220万平方米。

- 台光电子项目

投资总额:10亿元。

项目介绍:台光电子项目2017年12月签约落户黄石经济技术开发区。项目总投资10亿元,占地面积213亩,主要生产黏合片、铜面基板、金属基板、IC载板等新型电子元器件材料,项目分两期建设,一期于2019年10月建成试产。二期项目于2021年开工建设。项目全部建成达产后,年销售收入可达20亿元,年税收可达8000万元。

- 沪士电子二期项目

投资总额:33亿元。

项目介绍:黄石沪士电子是沪士电子股份有限公司全资子公司,于2011年11月8日签约落户黄石经济技术开发区黄金山工业新区,是黄石第一个电路板项目。项目总投资33亿元,占地面积564亩,主要生产单面、双面、多层及HDI中高端印制电路板等产品,规划年产量300万平方米。项目二期总投资10亿元,新建厂房、废水处理综合楼等共4.8万 m²,于2019年10月建成试产。

激光精密制造在线路板行业有广泛的应用,激光PCB板精密打孔、切割、清洗、焊接等已大量应用到线路板生产线。随着线路板产业链在黄石市的建成，大量的激光精密加工设备将会得到应用，市场前景广阔。

为适应形势的发展，建议在黄石市建立PCB板激光应用示范基地，并邀请俄罗斯专家到该基地进行激光精密加工工艺研发，解决PCB企业生产中的实际问题。

2. 激光产业集群

湖北激光产业集群包括三个圈层（园—谷—廊），示意图如图4-5所示。

图 4-5　湖北激光产业集群图层示意图

湖北激光产业创新发展的路径探析

激光是制造的工具，只有激光产业与制造业深度融合，才能充分发挥激光产业的作用,也才能把激光产业做强做大。没有以制造业为主体的实体产业依托,激光产业将失去制造的支持,成为无源之水、无本之木。没有激光做支撑的制造业,则无法创新、升级成为现代制造业。党的十九届五中全会通过的《中共中央关于制定国民经济和社会发展第十四个五年规划和二〇三五年远景目标的建议》(以下简称《建议》)提出了未来五年实现创新能力显著提升,产业基础高级化、产业链现代化水平明显提高等经济发展新目标。同时,作为重点任务部署,《建议》还提出:"坚持把发展经济着力点放在实体经济上,坚定不移建设制造强国、质量强国、网络强国、数字中国,推进产业基础高级化、产业链现代化,提高经济质量效益和核心竞争力。"

为实现湖北省激光产业创新发展,主要路径应至少包括以下几个方面。

(1) 建设以激光器件和工业激光器为核心的产业创新共同体。

激光器件和工业激光器是激光制造的核心竞争力,也是湖北激光产业的技术优势,要树立核心技术自立自强的意识,强化激光器件和工业激光器的研发与转化。要顺应数字化背景下的激光制造趋势,增强产业生态与创新生态意识,建设以激光器件和工业激光器创新创业为核心的产业创新共同体。

(2) 以应用链带动产业链,产业链促进创新链,创新链实现价值链。

围绕湖北省芯、屏、端、网行业中对激光精密制造的需求和汽车、钢铁、冶金等行业中对激光宏加工制造的需求,进行激光产品的系统联合创新。进一步引进"光伏"行业和新能源电池行业的龙头企业,将激光设备的市场"拉到家门口",积极主动解决光伏和新能源电池中的高速、高质量激光制造难题,解决好创新链、产业链、供应链、价值链中的薄弱环节,提升激光行业各环节的协同效应和系统能力。打造现代信息产业、新能源产业、汽车产业、钢铁冶金产业激光应用链,增强激光产业链配套能力,构建一小时产业配套生态圈,同时也可起到保障供应链安全的作用。

（3）强化原创能力建设，培育下一代激光制造新技术。

下一代激光制造新技术是以突破性原创技术为基础、当前还未形成产业规模的新兴产业领域。超前部署并把握突破性技术创新的机会窗口，抢占未来技术与产业化的先机，是湖北省激光产业获得持续发展的战略性选择。2020年5月14日，习近平总书记在中共中央政治局常务委员会会议上指出，"要抓紧布局战略性新兴产业、未来产业，提升产业基础高级化、产业链现代化水平"。高功率超快工业激光器将是下一代激光制造的主流光源，必须整合湖北省激光行业各种创新资源，提前布局，获得后疫情时代的先发优势。

（4）强化产业互联网对创新要素的整合能力，重塑湖北省激光行业竞争优势。

一般认为产业互联网是第四次产业变革的重要支撑。通过对人、机、物的全面互联，产业互联网构建起全要素、全产业链、全价值链连接的新型生产制造和服务体系，将加速产业数字化，加速传统制造智能升级，加速制造业服务化，引领产业组织变革，促进现代化产业体系建设。一是用产业互联网赋能激光产业创新与转型升级，改进激光产业整体生产效率，冲抵成本上涨压力，不断增强产业综合竞争力。二是要借助产业互联网平台，打造一批掌握数据的细分优势行业。发挥激光龙头企业（或科研机构）的作用，培育激光产业互联网平台，逐步构建打通重点应用行业的产业互联网整合路径，逐步实现跨领域跨行业的融合发展。在新基建的支撑下，预计"产业互联网＋激光＋"将成为新的热点，可能催生出一批影响更大的独角兽企业。

（5）强化企业创新发展能力，充分依靠企业家。

首先，要发挥企业家在创新中的关键作用，使企业创新能力跟上时代进步的步伐。科技创新主体包括高校、科研机构和企业，但是最终要落实到企业。企业创新发展竞争力的核心在企业家，关键因素是企业家的创新精神、冒险精神。同时，要按照企业创新性、成长性等方面的差异，分类打造企业创新的梯次发展格局：打造高成长企业梯队，形成初创、瞪羚、独角兽、科技大平台等成长型企业梯次发展格局；培育隐形冠军、高精尖单打冠军等行业地位高、具有核心竞争力的独特性优势企业，通过工业互联网平台带动广大中小企业上平台，为中小型隐形冠军提供长期技术创新的市场氛围和产业生态；培育创新型企业梯队，形成从科技型中小企业、新技术开发技术企业、创新型企业到国际化一流创新型领军企业梯次发展的格局。

（6）强化产业安全监测预警能力，保障激光产业创新可持续发展。

有了战略和愿景，有了目标和努力方向，只是万里长征走过了第一步。在推动区域产业创新发展实践中，面对不确定性条件，要适应快速变化的国际国内环境，要重点提高产业安全监测预警能力，要保障产业发展不能突发性中断。要通过智能化产业监测实时掌握产业发展状况，保障管理决策部门能及时知晓重大产业变化，及时做出反应。同时，还要定期对重点产业的专利进行分析，对产业出现颠覆性技术、重大政策变化的影响及时进行预警，提高技术预见与产业前瞻运作能力。

（7）强化社会行业组织建设，搭建行业交流平台。

要大力发展行业协会、企业家协会，增加企业家交流合作、相互学习机会，要通过交流和实践提高企业家战略管理能力，特别是提高企业家连续创业精神。鼓励国家激光加工产业技术创新战略联盟、武汉·中国光谷激光行业协会、湖北省激光行业协会、湖北省军民融合激光产业联盟、湖北省激光学会、武汉激光学会牵头，加强激光产业与高校、科研院所的联系，不定期开展产业和技术交流研讨活动，积极开展对外联络，建立信息技术平台和人才信息库，为企业发展提供信息咨询和支持。

（8）强化政策落实，加强营商环境建设，保障激光产业快速发展。

保障激光项目土地供应。优先保证激光产业项目土地供应，支持发展潜力大的激光企业购地建设产业园，在行政审批程序上开辟绿色通道，简化审批流程，缩短审批时限。

优化金融环境。由光谷金控和湖北省科技投资集团公司牵头，争取联合湖北省新技术开发产业投资集团等设立激光产业发展基金或投资基金，帮助有需求的民营激光企业设立股权投资基金，引导市场主体参与激光产业协同发展，形成激光产业联盟。鼓励各类银行、基金等金融机构在业务范围内，支持技术先进、优势明显、带动和支撑作用强的激光项目，与激光企业成为利益共同体，长期支持产业发展。

优化人才政策。研究制订激光人才培养计划，鼓励高校大力培养激光技术应用人才和高水平复合型人才；鼓励职业技术院校建设集人才培养、技术应用研发、创新孵化、标准研制、社会服务于一体的特色激光产业学院，为企业输送专业人才。组织东湖新技术开发区激光企业高管开展培训和交流，提升后疫情时期的企业管理能力和抗风险能力。

优化对外开放环境。鼓励企业积极引进国外先进技术和资金，联合开展激光器核心技术攻关，共建具有国际领先水平的激光器核心器件和成套设备的研发生产基地。支持企业抓住"一带一路"建设契机，为企业开拓国际市场提供便利。充分依托激光行业协会等机构和企业多渠道、多层次地开展技术、标准、知识产权、检测认证等方面的国际交流与合作，不断拓展合作领域。简化企业出境公办签证流程，降低涉企相关税收，进一步提升武汉激光产品在国际市场的占有率。

加强知识产权布局运用。联合知识产权服务机构大力推行激光行业知识产权标准化管理，提升创新主体知识产权管理能力，鼓励企业进行知识产权布局，支持龙头企业牵头研究国外激光企业知识产权布局，建立海外知识产权风险预警机制。鼓励和支持企业完善品牌管理体系，打造知名度高、综合竞争力强、产品附加值高的国际知名品牌。联合法院和检察院加强企业知识产权的保护、维权。

附 录 一

国家计划委员会关于激光加工国家工程研究中心可行性研究报告的批复(1995年7月)

国家计委关于激光加工国家工程研究中心可行性研究报告的批复

国家教育委员会：

你委教技[1994]6号文收悉。根据我委计科技[1994]29号文的精神和中国国际工程咨询公司对该项目的评估情况，原则同意你委提出的以华中理工大学为依托建设激光加工国家工程研究中心项目的可行性研究报告。现批复如下：

一、该项目主要是针对汽车、机械电子、冶金、石油化工等产业亟需的激光切割和焊接关键、共性技术进行工程化开发和系统集成，并向生产企业和用户提供成套技术和产品，促进该领域的科研成果向生产转化。

二、原则同意你委提出的项目主要任务和目标、建设方案、资金使用计划以及设备采购清单。项目的建设应围绕上述方向，着重建立大功率二氧化碳激光器及其配套系统，以及相关加工工艺、检测技术、电源和冷却系统等的开发条件和促使其工程化的必要条件。

三、该项目总投资为利用世界银行贷款400万美元和国内配套资金2300万元人民币。项目利用世行贷款期限为20年(含宽限期5年)，贷款利率为浮动利率。世行贷款的60%，即240万美元，纳入国家统借统还，在贷款使用的年度内作为中央财政利用国外借款安排的基建拨款；其余的40%，即160万美元的本金和相应利息，由项目单位自行偿还。

项目国内配套资金中，我委安排320万元有偿使用，待2000年该项目建成时一次性还清；你委安排1300万元；武汉市计委安排500万元；其余由项目单位自行解决。

四、项目实施过程中，要贯彻"积极促进科技经济一体化"的精神。在管理体制上，要依法建立有科研、设计和相关企业参与的有限责任公司；在运行机制上，要以市场为导向，以技术转移为主要任务，实现科研与生产相互促进的良性循环。

五、该项目应在贷款协议生效后的4年内完成项目建设。项目管理参照我委颁发的《国家工程研究中心管理办法（试行）》进行。请加强对国家统借统还借款的管理，执行国家统借统还国外借款财务管理的有关规定。

请你委严格管理，并与湖北省计委和武汉市计委加强联系，确保项目建设的顺利进行。

该项目国外贷款计划编号为：J950000303021号。

中华人民共和国国家计划委员会
一九九五年七月二十一日

附 录 二

国家发展计划委员会关于对计算机软件等 82个国家工程研究中心授牌的决定(2001年9月)

国家计委关于对计算机软件等82个国家工程研究中心授牌的决定

国务院有关部门、中科院、行业协会,各省、自治区、直辖市及计划单列市、新疆生产建设兵团计委:

  为贯彻落实党中央科教兴国的战略,加快经济结构调整,在国务院的领导和有关部门的支持下,我委实施了国家工程研究中心建设计划。该计划坚持以现代企业制度为中心进行体制创新,坚持以市场为导向进行重大科技成果工程化与系统集成,坚持以提高产业内在竞争力为重点进行高水平工程化验证环境建设,通过广大科研人员、管理人员的共同努力,在解决国家重大工程技术问题、推动产业技术升级、发展高技术产业等方面发挥了重要作用,取得了显著的成绩,为科技体制改革起到了良好的示范作用。

  为充分发挥国家工程研究中心在国民经济建设中的作用,树立国家工程研究中心促进科技与经济有机结合的示范形象,在国家工程研究中心建设计划实施十周年之际,我委决定,对在体制创新、技术创新、工程化、产业化等方面成绩显著的计算机软件、连铸技术、工业自动化、药物制剂、生物芯片、光纤通信、激光加工等82个工程研究中心授予国家工程研究中心命名匾牌。

科学技术是第一生产力,发展高技术产业、促进产业结构优化升级,是我国"十五"及至今后相当长一段时间内的一项重要任务。希望各国家工程研究中心按照江泽民总书记"三个代表"重要思想的要求,继续发扬创新精神,为我国国民经济建设作出新的贡献。

附件:国家工程研究中心授牌名单

中华人民共和国国家发展计划委员会
二〇〇一年九月二十七日

附件：

国家工程研究中心授牌名单

序号	国家工程研究中心名称
1	电子出版新技术国家工程研究中心
2	软件工程国家工程研究中心
3	高效轧制国家工程研究中心
4	计算机软件国家工程研究中心
5	造纸与污染控制国家工程研究中心
6	激光加工国家工程研究中心
7	农药〔天津〕国家工程研究中心
8	光盘系统及其应用技术国家工程研究中心
9	工业锅炉及民用煤清洁燃烧技术国家工程研究中心
10	模具计算机辅助设计国家工程研究中心
11	轻合金精密成型国家工程研究中心
12	精馏技术国家工程研究中心
13	城市污染控制国家工程研究中心
14	流体机械及压缩机国家工程研究中心
15	电力电子应用国家工程研究中心
16	工业自动化国家工程研究中心
17	粉末冶金国家工程研究中心

18	微生物农药国家工程研究中心
19	超细粉末国家工程研究中心
20	木材工业国家工程研究中心
21	煤矿安全技术国家工程研究中心
22	光电子器件国家工程研究中心
23	膜技术国家工程研究中心
24	工程塑料国家工程研究中心
25	精细石油化工中间体国家工程研究中心
26	光盘及其应用国家工程研究中心
27	高档数控国家工程研究中心
28	高性能均质合金国家工程研究中心
29	机器人国家工程研究中心
30	磁性功能材料国家工程研究中心
31	船舶运输控制系统国家工程研究中心
32	变流技术国家工程研究中心
33	病毒生物技术国家工程研究中心
34	大规模集成电路CAD国家工程研究中心
35	电信交换及软件支援系统国家工程研究中心
36	新型电源国家工程研究中心
37	数字无绳电话系统国家工程研究中心
38	通讯软件与专用集成电路设计国家工程研究中心
39	移动通信国家工程研究中心

40	视像音响数字化产品国家工程研究中心
41	光纤通信技术国家工程研究中心
42	药物制剂国家工程研究中心
43	生物芯片北京国家工程研究中心
44	化肥催化剂国家工程研究中心
45	聚合物新型成型装备国家工程研究中心
46	橡塑模具计算机辅助工程国家工程研究中心
47	玉米深加工国家工程研究中心
48	稀土冶金功能材料国家工程研究中心
49	西部植物化学国家工程研究中心
50	废弃物资源化国家工程研究中心
51	船舶设计技术国家工程研究中心
52	输配电及节电技术国家工程研究中心
53	电力系统自动化国家工程研究中心
54	电站锅炉煤的清洁燃烧国家工程研究中心
55	小卫星及其应用国家工程研究中心
56	聚烯烃国家工程研究中心
57	合成纤维国家工程研究中心
58	基本有机原料催化剂国家工程研究中心
59	炼油工艺与催化剂国家工程研究中心
60	橡塑新型材料合成国家工程研究中心
61	油气勘探计算机软件国家工程研究中心

62	纤维基复合材料国家工程研究中心
63	炼焦技术国家工程研究中心
64	连铸技术国家工程研究中心
65	工业环境保护国家工程研究中心
66	耐火材料国家工程研究中心
67	精密成形国家工程研究中心
68	制造业自动化国家工程研究中心
69	高效焊接新技术国家工程研究中心
70	工业过程自动化国家工程研究中心
71	传感器国家工程研究中心
72	电气传动国家工程研究中心
73	电力电子国家工程研究中心
74	表面活性剂国家工程研究中心
75	水煤浆气化及煤化工国家工程研究中心
76	染料国家工程研究中心
77	农药〔沈阳〕国家工程研究中心
78	无污染有色金属提取及节能技术国家工程研究中心
79	稀土材料国家工程研究中心
80	半导体材料国家工程研究中心
81	稀有金属材料加工国家工程研究中心
82	发电设备国家工程研究中心